Vom deutschen Staat
und seinem Recht

Streiflichter zur allgemeinen Staatslehre

von

Kurt Wolzendorff
a. o. Professor der Rechte an der Universität Königsberg

Leipzig ▫ Verlag von Veit & Comp. ▫ 1917

Druck von Metzger & Wittig in Leipzig.

Inhalt.

Nun sind wir Deutsche wiederum
— — — — — — — — — — — — — — —
Und Fürst und Volk und Volk und Fürst
Sind alle frisch und neu.

1914 wurde Wirklichkeit, was Goethe 1814 gesungen hatte. In der staatlichen Gemeinschaft empfinden wir unsere deutsche Zusammengehörigkeit. Und weil wir uns als Deutsche zusammengehörig fühlen, erscheint uns das geistige Band, das „Fürst und Volk und Volk und Fürst" bindet, der Gedanke des Staats, frisch und neu belebt. Der Staat ist uns die Organisation unseres Deutschtums. Kann die Lehre vom Staat sich der Frage entziehen, ob der Gedanke des Staats in ihrer Darstellung die Frische besitzt, die seinem Lebensgehalt entspricht?

I.

Wie ist bisher unsere Lehre vom Staat dem Gedanken des Staats als der organisierten Gemeinschaft von „Fürst und Volk und Volk und Fürst" gerecht geworden? Sie legt dem Staat das Wesen der Einheit bei, durch das er alle öffentlichen Gewalten in sich vereinigt und alles Recht seiner Glieder bestimmt. Auf den ersten Blick fällt auf, daß diese Erklärung staatlichen Wesens gegenüber der Vielgestaltigkeit und dem Beziehungsreichtum der wirklichen Verhältnisse einen krassen, kalten Formalismus bildet. Das wäre an sich kaum ein Fehler, denn es ist die Aufgabe der Wissenschaft, nüchterne Klarheit zu gewinnen über die Erscheinungen, die im Tageslicht des Lebens lose umrissen farbig flimmern. Die Objektivierung der Wissenschaft bedingt immer eine gewisse Ertötung des frischen Eindrucks. Daß das Bild, das jene Formel von unserem Staate gibt, nicht lebendig ist, ist daher wohl nicht von Bedeutung, wenn es in sich die wesentlichsten Züge des staatlichen Seins in richtiger Objektivierung auf die äußerste formale Einfachheit der Linie zurückführt. Aber ist das der Fall?

Unsere Staatslehre selbst weist darauf hin, daß die Idee der Einheit nicht restlos den modernen Staat bestimme, sondern daß darin auch Erscheinungen eine große Rolle spielen, die nur als Wirkungen eines Dualismus angesehen werden können. In ihrer bedeutendsten Darstellung, aus der Feder Georg Jellineks, werden dazu gerechnet einmal die „Formulierung abstrakter Freiheitsrechte, welche die Idee der begrenzten, die eigenberechtigte Persönlichkeit wahrenden, staatlichen Untertanenschaft des Individuums zu gesetzgeberischem Ausdrucke bringen sollten"; sodann die „Aufstellung von Verfassungsurkunden, die die Grundlagen der Staatsordnung in sich enthalten sollen; weiter aber auch die gesamte Ausgestaltung des konstitutionellen Staates", insbesondere der konstitutionellen Monarchie mit dem „Nebeneinander-, Zusammen- und Entgegenwirken vom Staatshaupt und seiner Regierung und dem Parlamente". Tatsächlich liegt in allen diesen Dingen ein Gegensatz zu dem Formalgedanken der Einheit. Wenn der Staat einer rechtlichen Freiheitssphäre der Einzelpersönlichkeit gegenübersteht, die nicht von seiner Staatsgewalt abgeleitet, sondern von ihr nur in Anerkennung ihrer eigenen Existenzberechtigung „gewährleistet" ist, so ist das eben ein begrifflicher Gegensatz zur Einheit der Staatsgewalt. Das gleiche ist es aber auch, wenn der Monarch zwar als Träger der einheitlichen Staatsgewalt gedacht ist, deren oberste Funktion aber, die alle anderen staatlichen Lebensregungen bestimmt und regelt, die Gesetzgebung, nur „gemeinschaftlich" mit der Volksvertretung ausüben kann, also angewiesen ist auf ein Paktieren mit einer Macht, die insofern der einheitlich im Monarchen verkörperten Staatsgewalt gleichberechtigt gegenübersteht.

In den wichtigsten Grundgedanken und Institutionen unserer Staatsordnung besteht keine Einheit. Kann aber das Wesen einer solchen Ordnung noch als „einheitlich" bezeichnet werden? Kann überhaupt als „Einheit" angesehen werden, woran ein Dualismus teil hat? Unsere Staatslehre scheint im allgemeinen anzunehmen, daß das nicht der Fall ist. Denn sie ist bestrebt, jene von Jellinek nachgewiesenen dualistischen Elemente ihrer Bedeutung zu berauben, indem sie sie hinwegkonstruiert. Nun soll gewiß nicht geleugnet werden, daß das möglich ist und daß auf diese Weise tatsächlich ein harmonisches begriffliches Gebäude der Staatsordnung wissenschaftlich aufgerichtet ist. Was wäre begrifflicher Konstruktion nicht möglich, wenn die Wissenschaft nur genug geistige Elastizität besitzt, um die Begriffe zu erfinden, die die Mittel zur Konstruktion liefern. Es wäre traurig um die geistigen und besonders juristischen Fähigkeiten unserer Staatslehre bestellt, wenn sie nicht das Anerkenntnis verlangen könnte, daß sie die Einheit unserer Staates konstruktiv bewiesen habe: Die Gesetze erläßt de iure der Monarch — die Floskel des Gesetzesbefehls in der Gesetzessammlung beweist das — und die Volksvertretung hat nur dem Gesetzestext zuzustimmen. Auch hierin ist sie nur Organ der einheitlich vom Monarchen getragenen Staatsgewalt. Daher geht sie auch das Volk gar nichts an, sie ist gar nicht eine Volksvertretung im Rechtssinne — wie Jellinek geglaubt hat, das nachweisen zu können —, und die preußische Verfassung, die sie so nennt, hat insofern keine Rechtswirkung. Ganz konsequent leugnen denn auch zahlreiche und angesehene Staatsrechtslehren, daß die aktive Wahlfähigkeit ein Recht sei; sie ist nur Ausübung einer Funktion, die dem Staatsbürger als einem Organ der einheitlichen Staatsgewalt zukommt, ohne daß er einen Anspruch auf solche Organtätigkeit hat. Genau so ließe sich das sagen von allen, bis jetzt freilich als subjektive Rechte angesehenen, Fähigkeiten, eine staatliche Tätigkeit, wie die des Gerichts usw., zu veranlassen (Rechtsschutzanspruch). Die Freiheitsrechte werden ebenfalls von bedeutenden Staatsrechtslehren als subjektive Rechte geleugnet, sie sehen nur so aus — die preußische Verfassung mit ihren „Rechten der Preußen" hat sich hier wieder täuschen lassen — sie sind nur Reflexwirkungen des objektiven Rechts. Jedenfalls sind sie, selbst wenn man sie als subjektive Rechte ansieht, einfach vom Staate verliehen, nicht von ihm nur — wie die preußische Verfassung wieder fälschlich sagt — „gewährleistet". Es läßt sich also alles konstruieren als einheitlich von oben her, von der im Monarchen ruhenden Staatsgewalt, abgeleitet. Nur ist es im Leben und den darin wirkenden Anschauungen ganz anders. Diese Anschauungen sind heute noch denen ganz ähnlich, die in den Verfassungen zum Ausdruck gekommen sind und Recht werden sollten. Für uns ist aber die Frage nur die, und gerade die, nach der wirklichen Geltungsberechtigung der traditionellen Begriffe. Uns kommt es nicht darauf an: läßt sich die übliche begriffliche Konstruktion der staatlichen „Einheit" logisch beweisen; sondern darauf: wird ihr Gedankengehalt dem staatlichen Leben gerecht und dem des geltenden Rechts? Und das glauben wir verneinen zu müssen.

Wenn man nun aber zugeben muß, daß die „Einheit" der Staatsgewalt nicht lückenlos, sondern mit dualistischen Elementen durchsetzt, also begrifflich eben keine Einheit ist, so läßt sich die Frage nicht umgehen: ist mit dieser Idee der Einheit überhaupt das Wesen unseres Staates richtig gekennzeichnet? Das ist aber eine Frage, die nur zu beantworten ist, wenn man über die Bedeutung jener Idee Klarheit gewinnt. Warum wird sie als so wesentlich für die Erklärung des modernen Staates erachtet?

Man sieht die Einheit für den modernen Staat zunächst deshalb als wesentlich an, weil im älteren Staat die Einheit vollständig fehlte, weil er ausschließlich aufgebaut war auf dem dualistischen Gegeneinanderwirken von Fürst und Volk oder, genauer, Ständen. Das würde dann aber nur eine negative, keine positive Wesensbestimmung des modernen Staats bilden. Tatsächlich ist jedoch die Bedeutung der Einheitsidee nicht darauf beschränkt. Es kommt ihr auch eine positive Rolle zu: sie war das politische und staatstheoretische Ferment in der Entwicklung des modernen Staates aus dem älteren Staat. Diese, ihre gedoppelte, Rolle und die Art dieser Doppelung sind in der Tat entwicklungsgeschichtlich für unsere heutige Staatsordnung und ihre Grundgedanken von entscheidender Bedeutung.

Der ältere Staat war aufgebaut auf dem Ausgleich der Herrscher- und Volksinteressen durch das dualistische Zusammenwirken von Fürst und Ständen: der Fürst vertrat sein dynastisches Rechts- und Machtinteresse, die Stände vertraten in ihren rechtlichen und politischen Interessen zugleich diejenigen der von ihnen repräsentierten Bevölkerungsgruppen und somit des gesamten Volkes. Da in der ständischen Verfassung der Fürst keine wichtige Regierungshandlung ohne die Mitwirkung der Stände vornehmen konnte, war so tatsächlich in mechanischer Weise die Wahrung seiner Interessen mit denen des Volkes vereint. Nachdem aber durch die Änderung der wirtschaftlichen Verhältnisse die Interessen der Stände mit denen des rechtlich von ihnen vertretenen Volkes nicht mehr zusammenfielen, jene daher zur Vertretung einer privilegierten Interessentengruppe entarteten, verlor die ständische Verfassung ganz ihren rechtsgedanklichen Gehalt. Die Bindung des Fürsten an die Mitwirkung der, dualistisch gleichberechtigt neben ihm stehenden, Stände wurde nicht nur sinnlos, sondern auch ebenso asozial wie sie vorher sozial gewesen war. Denn die gleichzeitige Entwicklung der Idee der Landeshoheit und das Streben nach ihrer Stärkung in und daher mit den volklichen Leistungen näherte im selben Maße das fürstlich-dynastische Interesse dem des Volkes, in dem dieses sich von dem der Stände entfernte. Die in Wechselwirkung damit stetig sinkende Macht der Stände machte den Fürsten immer mehr zur Zentralkraft des staatlichen Lebens, zum Hort der inneren und äußeren Sicherung und Fortentwicklung der Volkswohlfahrt. Das dynastische Interesse des Fürsten war Ausgang und Ziel dafür, die Hebung der Volkskraft die unerläßliche Grundlage. So entstand die Idee eines Gesamtinteresses, aus der Idee des fürstlichen Interesses, als des Maßstabes des Gemeinlebens. Indem diese Idee eines einheitlichen „interesse status publici" zum Bewußtsein kam, hatte im Staatsleben ein neuer Staatsgedanke gegenüber dem dualistischen des älteren ständischen Staats Gestaltung gewonnen: der Gedanke des modernen Staats. Die Entwicklung der Staatstheorie gab ihm nur die geistigen Mittel zu seiner bewußten Weiterbildung und psychologischen Stützung.

Das Entwicklungsstreben der absoluten Monarchie hat das Einheitsprinzip des modernen Staats gezeitigt in der Idee der Herrschersouveränität. Als die naturrechtliche Staatslehre durch Bodin zum ersten Male diese Idee zu begrifflicher Feststellung brachte, geschah das nur auf Grundlage der Erkenntnis jener Entwicklung des staatlichen Lebens, die tatsächlich nach dem inneren Zerfall des Ständewesens die Interessen der Gesamtheit der Untertanen denen des Fürsten vereint hatte: subditorum libertatem ac rerum dominia aeque ac sua tuetur (Bodin). In dieser, von Anfang an dem Souveränitätsgedanken anhaftenden, Vorstellung der Unlösbarkeit des fürstlichen von dem Gemeininteresse (salus publica) lag der Keim zu einer weiteren Ausgestaltung des Einheitsprinzips.

Nachdem sich die gedankliche Begründung der Herrschersouveränität nicht mehr auf die Ableitung aus göttlichem Willen beschränkte, sondern das nüchterne politische Denken des Engländers Hobbes dafür die Idee des Unterwerfungsvertrags herangezogen hatte, mußte die Doppelung des interesse status publici, der salus publica in ihren beiden Teilen: fürstliches und volkliches Interesse (salus populi), gedanklich klarer hervortreten. Die Berührung mit der alten naturrechtlichen Idee von dem ursprünglichen Selbstbestimmungsrecht des Volkes mußte dann aber weiter nicht nur zur überwiegenden Betonung des volklichen Interesses, sondern auch zur Ausnutzung des Einheitsprinzips des Souveränitätsbegriffes in dieser Richtung führen. Die Volkssouveränitätslehre Jean Jacques Rousseaus mit der formell in der loi, materiell in der volonté générale liegenden Einheitlichkeit der Staatsgewalt war die Vollendung dieser Entwicklung, zugleich aber auch das geistige Fundament der auf Überwindung der absoluten Monarchie in Deutschland gerichteten politischen Strebungen.

Die reine Idee der Volkssouveränität und das System der absoluten Monarchie waren die Träger des Einheitsgedankens des modernen Staats. Eine Vereinigung zwischen beiden ist nicht möglich, sondern nur ein: entweder — oder. Trotzdem gingen tatsächlich die auf Einführung des konstitutionellen Regimes gerichteten politischen Ideen der Aufklärung und später des Liberalismus in Deutschland auf solche Vereingung aus. Diese gedankliche und begriffliche Unklarheit ist nur daraus zu verstehen, daß in der sogenannten konstitutionellen Theorie ganz verschiedene, untereinander heterogene, Prinzipien ihre logisch zufällige Vereinigung gefunden hatten, deren eigentliche Erzeuger — genau so, wie bei der Überwindung der älteren dualistischen Staatsidee — nur, durch das wirkliche Staatsleben gezeitigte, politische Strebungen waren.

Das Regime der absoluten Monarchie, nach dem schlechterdings das Staatsinteresse den Maßstab des gesamten bürgerlichen Lebens bildete, mußte je länger je mehr notwendig dahin führen, den mit der Desorganisation des entarteten Ständestaats zerfallenen Staatsgedanken im gemeinen Denken wieder zu beleben. Das Prinzip der salus publica als oberster Regel allen Lebens im Staat mußte das Bewußtsein der Beziehung zwischen Einzelinteresse und öffentlichem Interesse, Individualrecht und Gesamtrecht wiedererwecken. Als Wirkung des Absolutismus mußte der Bürgergedanke neben den Staatsgedanken treten und mit ihm seine Folgerung: die Forderung bürgerlicher Berechtigung in und gegenüber dem Staat sowohl nach der passiven wie nach der aktiven Seite. So entstanden aus den politischen Verhältnissen die Forderungen eines bürgerlichen Rechts auf ein gewisses Maß freier, der beliebigen Einwirkung der Staatsgewalt entzogener, Bewegung im Gemeinleben und auf Mitwirkung bei der Regelung des Gemeinlebens durch die Staatsgewalt, also auf Teilnahme an der Bildung des souveränen Willens. Diese beiden Forderungen nahm die sogenannte konstitutionelle Theorie in ihr

Programm auf, aber nicht als einfache Postulate staatlicher Zweckmäßigkeit und Gerechtigkeit, sondern als politische Theoreme, deren Form sie der naturrechtlichen Tradition entnahm.

Zwei naturrechtliche Theorien kamen hier in Betracht. Einmal die „konstitutionelle" Theorie, die selbst wieder einen doppelten Inhalt hatte, die rechtliche Bindung der Herrschergewalt an die auf Vertrag mit dem Volk beruhenden Grundgesetze (leges fundamentales) und daraus die Verpflichtung des Herrschers, die grundgesetzlich festgelegte Mitwirkung einer Volksvertretung bei gewissen Regierungshandlungen (besonders: Gesetzgebung, Steuer, Anleihen und Verpfändungen, Gebietsabtretung) zuzulassen. Zum andern die Idee unveräußerlicher Menschen- und Bürgerrechte (Freiheitsrechte), wie sie seit den letzten Jahrzehnten des 18. Jahrhunderts auf Grund der „Erklärungen" der nordamerikanischen Staaten und der französischen Revolution als unentbehrliche Bestandteile einer vernünftigen Staatsordnung erschienen.[1]

Diese beiden Dogmen waren nicht nur in sich mit der Idee der Einheitlichkeit des Staates unvereinbar, waren sie doch nur Reminiszenzen der dualistischen ständischen Staatsordnung: der Gedanke des vertraglichen Grundgesetzes als einer Rechtsinstitution geht zurück auf die an Bedingungen gebundene „Huldigung" der Stände, der der natürlichen, vorstaatlichen Freiheitsrechte auf die ständischen Freiheiten; beide sind nur naturrechtliche Rationalisierungen längst überlebter politischer und rechtlicher Institutionen. Beide standen aber auch in unlösbarem Widerspruch mit der tatsächlich im ab-

---

[1] Die für die politische Entwicklung so außerordentlich fruchtbare Gewaltenteilungslehre kann hier außer Ansatz bleiben; sie bedeutet nur eine organisatorische Hilfsidee, die zur Verwirklichung der Idee des Vorrangs des Gesetzes technisch (richterliche Gewalt) unentbehrlich war. Daß sie der Idee staatlicher Einheit durchaus nicht entsprach, ist klar. Sie ist überhaupt nur ein Ausbau der dualistischen Staatsidee: Balanzierung der drei Gewalten, an Stelle der früheren Balanzierung zweier Gewalten. Vgl. jedoch unten S. 60 f. und 91.

soluten Staate der politischen Wirklichkeit vorhandenen Einheit der Staatsgewalt in der Herrschersouveränität. Die Institution des souveränen Trägers der Staatsgewalt als Quelle aller Macht und allen Rechts macht schlechterdings die Vorstellung unvollziehbar, daß vorstaatliche unveräußerliche Freiheitsrechte dieser Gewalt sollen rechtliche Grenzen setzen können, ebenso wie die Vorstellung, daß der Souverän in einem Grundgesetz mit einer anderen Macht paktieren soll, die demnach ihm gleichgeordnet wäre und zwar in Unterordnung unter eine höhere, von ihm unabhängige, Rechtsordnung, die womöglich noch zu solchem Paktieren ihn verpflichtet.

Und doch sind alle diese heterogenen Elemente — mit Ausnahme meist der „Vereinbarung" des Grundgesetzes — bei der Errichtung der deutschen konstitutionellen Monarchie zusammengefügt worden zu einem System grundlegender politischer Gedanken und Institutionen dieser Staatsordnung. Gedanklich ist das System eine ganz unorganische Vermischung der geschichtlich g e l t e n d e n politischen Kräfte, Werte und Ideen — in sich institutionell einheitlich in der m o n a r c h i s c h e n Trägerschaft der Staatsgewalt — mit gedanklich diesen völlig konträren S t r e b u n g e n: d e m o k r a t i s c h e n Kräften und Werten in der Form der aus der naturrechtlichen Tradition entnommenen, durch Rationalisierung versteinerten, Institutionen der Epoche des ständischen Staats. Kann man noch sagen, daß gedanklich hier eine Einheit vorliegt?

Aber im staatlichen Leben sind diese Kräfte, Werte und Ideen unseres Staates vorhanden und zeigen das Bild eines Wirkens intensivster Einheit. Das Ergebnis der Erklärung unseres Staates durch die übliche Formel der Staatslehre ist also richtig. Die einzelnen Elemente der Erklärung entsprechen Erscheinungen der Wirklichkeit. Trotzdem ist der Inhalt der Erklärung, wie wir fanden, falsch. Wo ist die Lösung dieser Schwierigkeit zu suchen? Der Fehler der Berechnung des Inhalts unseres Staatswesens kann liegen in der Einstellung unrichtiger Erkenntniswerte in die Rechnung, oder in einer falschen Inbeziehungsetzung dieser Erklärungselemente, oder in beidem. Was davon der Fall ist, kann nur im Wege der Gegenrechnung ermittelt werden.

Die nächste Aufgabe muß daher die sein, festzustellen, ob jene Elemente unserer Staatsordnung, die in der uns geläufigen gedanklichen Form so sehr dem Prinzip der Einheit widerstreben, wirklich eine dieser Form entsprechende und somit ihre Vereinheitlichung ausschließende Bedeutung haben. Die Frage ist also: was ist der wirkliche, innere Gehalt jenes, als Rest der absolutistischen Souveränitätsidee auftretenden, monarchischen Gedankens und jener, Reminiszenzen der ständischen Staatsidee rationalisierenden, sogenannten konstitutionellen Theorie.

II.

Der demokratische Gedanke, den das konstitutionelle System dem, im überkommenen deutschen Staat formal allein bestimmenden, monarchischen Gedanken zur Seite und gegenüber gestellt hat, erscheint in der von unserer Staatslehre übernommenen naturrechtlichen Theorie zusammengesetzt aus zwei rechtsgedanklich völlig wesensverschiedenen Prinzipien: demjenigen zentralistischen Schutzes der Volksinteressen durch Mitwirkung der Volksvertretung bei den wichtigsten Funktionen der Staatsgewalt und demjenigen individualistischen Schutzes des staatsbürgerlichen Persönlichkeitsinteresses durch Gewährung der Freiheitsrechte. Die Freude an der logischen Scheidung läßt heute kaum mehr auch nur die äußerliche Zusammengehörigkeit der beiden Institutionen beachten, wie sie in der Gemeinsamkeit ihrer Wirkung, der Beschränkung der vom Monarchen getragenen Staatsgewalt, beruht, in der doch zum mindesten ein historisch einheitlicher — wenn auch im Gesamtbild der Staatsordnung dualistischer — Zweckgedanke lebt. Noch weniger sieht man eine innere rechtsgedankliche Zusammengehörigkeit jenes Systems parlamentarischer Zuständigkeiten, an die man heute nur bei dem „Konstitutionalismus" denkt, mit den Persönlichkeitsrechten. Wird doch, wie bereits erwähnt, von der Staatsrechtslehre vielfach das Parlament nicht als Volksvertretung und die aktive Wahlberechtigung nicht als subjektives Recht anerkannt — alles letzten Endes nur aus der Einheitsidee des Staates heraus. Da ist es kein Wunder, daß der rechtsgedankliche Zusammenhang der sogenannten Freiheitsrechte (z. B. Preßfreiheit, Vereinsfreiheit) mit jener „konstitutionellen" Institution[1] gar nicht erwogen, sondern alles nur auf den Gegensatz abgestellt wird, daß letztere die vom Monarchen getragene Staatsgewalt von oben, nur in sich, also einheitlich, beschränkt, erstere ihr von unten Grenzen setzen, ihr also von außen, dualistisch, gegenüberstehen. In diesen Freiheitsrechten liegt also offenbar dasjenige, was am deutlichsten die Künstlichkeit und Einseitigkeit des Grundprinzips der Einheit enthüllt. Bei ihnen werden wir daher einsetzen müssen, wenn wir herausfinden wollen, wo der Fehler in der Erklärung dieses Prinzips liegt, das doch im Gesamtergebnis dem Gesamtbilde unseres Staatslebens entspricht. Was sind diese Freiheitsrechte, was bedeuten sie, wie kam man zu ihrer Aufstellung?[2]

Daß das staatsrechtliche Denken in der Entwicklungsperiode des deutschen Konstitutionalismus die Verfassung eines Rechtsstaates sich nicht denken konnte ohne die Aufzählung einer Reihe von Freiheitsrechten, beruht auf einer Vorstellung, die unter dem Eindruck des Vorbildes der französischen Verfassung von 1789 politisches Gemeingut der Kulturwelt geworden war. Welches waren nun aber die gedanklichen Grundlagen dieser berühmten „Erklärung der Menschen- und Bürgerrechte"? Die eine lag unmittelbar im Naturrecht. Die mit der Reformation erwachende Idee des sittlichen Selbstbestimmungs-

---

[1] Dazu unten S. 90f.

[2] Die sämtlichen folgenden Ausführungen haben ihre Grundlage durchweg in meiner Untersuchung über „Staatsrecht und Naturrecht in der Lehre vom Widerstandsrecht des Volkes gegen rechtswidrige Ausübung der Staatsgewalt". (Untersuchungen zur deutschen Staats- und Rechtsgeschichte her. v. O. v. Gierke Bd. 126) 1915. Auf diese muß ich mich daher — soweit nicht besondere Literatur vermerkt ist — ganz allgemein zur Begründung alles Folgenden beziehen. Es kommen dort insbesondere in Betracht die Stellen: 360—389, 295—305, 280ff., 138—179, 73—94, 68ff., 516—530, 210—218, 485—487.

rechtes der Menschen hatte in den religiösen Kämpfen des 16. Jahrhunderts kalvinistische Kreise die Lehre aufstellen lassen, daß die Freiheit ein natürliches Recht des Menschen sei, höher und ursprünglicher als das Recht des von den Menschen selbst erst gegründeten Staates und seines Herrschers. Diese Lehre war in Frankreich von den ersten Monarchomachen ausgebildet und dort von Jurieu und Burlamaqui dem 18. Jahrhundert überliefert worden. Sie war zugleich von Genf aus über Knox zu den presbyterianischen Schotten in das Lager Cromwells gewandert. Im englischen Independentismus traf sie sich mit den Lehren verschiedener protestantischer Sekten, um dann, teils unmittelbar durch den Einfluß Lockes, teils mittelbar über die Ideenwelt der amerikanischen Kolonien nach deren Unabhängigkeitskampfe wieder nach Frankreich zu gelangen, wo sie, vereint mit den dortigen kalvinistischen Traditionen, in dem durch Rousseau geschaffenen demokratischen Denken einen fruchtbaren Boden fand. Die andere gedankliche Grundlage der Erklärung von 1789 ist rein rechtsinstitutioneller Natur — für uns also wichtiger —, ihrem materiellen Gehalt nach aber mit jenem allgemeinen Freiheitsgedanken nahe verwandt. Der Gedanke der Gründung der ganzen Staatsordnung auf die gesetzgeberische Feststellung eines Katalogs unveräußerlicher Freiheitsrechte war unmittelbar entnommen dem Vorbild der nordamerikanischen Verfassungen der 70er und 80er Jahre. In den nordamerikanischen Kolonien aber war dieser Gedanke lebendig aus zwei Traditionen: einmal aus den Lehren von den angeborenen Rechten und Freiheiten des Menschen, wie sie unter dem indirekten Einfluß des Kalvinismus im englischen Independentismus von Locke, schon früher aber in Amerika selbst von William Penn (1670) aufgestellt worden war; zum andern aus dem Beispiele solcher Staatsgründungen, wie sie in den Pflanzungsverträgen des 16. Jahrhunderts, zuerst von Roger Williams in Rhode-Island, gegeben worden waren. Beide Traditionen aber hatten eine und dieselbe Quelle: die „advantages of the free people of England", wie Penn es nannte, das „birthright" des positiven englischen Rechts, in dem dem Einzelnen seine Freiheit „inherited" ist. Das war aber auch die unmittelbare Quelle der Idee des individuellen Freiheitsrechtes, wie sie durch Jurieu in die französisch-kalvinistische Tradition des Freiheitsgedankens eingeführt war. So müssen die gedanklichen Grundlagen der Erklärung von 1789 letzten Endes alle auf die Institutionen des alten englischen Staatsrechts zurückgeführt werden. Diese aber waren keine anderen als die des ständischen Staates überhaupt und stammen damit aus der Geschichte des deutschen Rechts- und Staatsdenkens.

Das „birthright" des Engländers im alten englischen Staatsrecht, der Ahnherr der Freiheitsrechte der Franzosen von 1789, der Deutschen von 1848, der Preußen von 1850, ist nichts anderes als die „angheboren vryheyd" der Niederländer in der Absagungsakte von 1581, aber auch als die „Libertés" der Brabanter und die „Freiheiten" der deutschen Stände. In ihnen wurzelt die Institution des subjektiven öffentlichen Rechts, die liberale Persönlichkeitsidee des modernen deutschen Verfassungsstaats. Aber sie hat dort freilich noch eine ganz andere Bedeutung, und diese ist für uns das Wichtigste.

Wenn die Petition of Rights im gleichen Sinne von „laws and franchise" und von „just Rights and liberties" des englischen Volkes spricht, so liegt in dieser Gleichstellung dasselbe, als wenn in den bayrischen Handfesten jedermann „seine rechte" zugesichert werden mit dem Ausdruck „all ir freihait, recht, brief und guet gewonheit". Es ist der Gedanke, daß die im Lande geltenden Rechte die dem Einzelnen zustehenden Rechte sind. So werden im Lüneburger Recht vom Landesherrn den Volksgliedern zugesichert die „rechte richte unde wonheit, die sie hat hebbet". Das objektive Recht wurzelt im Individuum als dessen subjektives Recht. Wie denn die Joyeuse Entrée der Brabanter als vollständig gleichartig zusammenfaßt „toutes leurs libertés, privilèges, coutumes et anciennes observances" und die niederländische Absagungsakte „oude vryheyt, Privilegien ende oude herkomen". Subjektives und objektives Recht sind in den ständischen „Freiheiten", die das Urbild der Freiheitsrechte sind, gedanklich eine Einheit.

Diese einheitliche Vorstellung von objektivem und subjektivem Recht, die das ständische Staatsrecht beherrscht, hat aber einen tieferen Grund. Sie ist nur ein Ausfluß des deutschen Rechtsgedankens überhaupt. Die Zusicherungen, die die deutschen Herrscher im 9. Jahrhundert beim Regierungsantritt geben mußten, versprachen nicht sowohl Aufrechterhaltung des volklichen Rechtes als solchen, sondern als etwas dem einzelnen Volksgliede zukommenden: „conservabo unicuique competentem legem", oder „unicuique debitam legem", oder „talem legem et rectitudinem habeatis, sicut antecessores vestri". Diese „unicuique competens lex" ist im frühmittelalterlichen deutschen Staatsrecht der feststehende Inbegriff der, wie wir heute sagen würden, staatsbürgerlichen Rechtsbeziehungen des Einzelnen, ein einheitlicher Komplex objektiven und subjektiven Rechts. So ist er nur ein Ausfluß des alten deutschen Rechtsbegriffes überhaupt, der eine Trennung von objektivem und subjektivem Recht nicht kennt.

Das deutsche rechtliche Denken vermochte sich ein objektives Recht in der Reinheit des Begriffes nicht vorzustellen, sondern nur in seiner Wirkung. So sah es den Grundgedanken des Rechts, die „Richtung", nie allein in sich, sondern immer nur in dem „gerichteten" Lebensverhältnis. Und das Ziel des Rechts, der „Friede", war ihm stets zugleich in der Befriedung des Einzelnen dessen Rechtsgut. Das Recht ist Rechtslage des Einzelnen sowohl in subjektiver, wie in objektiver Beziehung. Deshalb ist das objektive Recht stets auch Persönlichkeitszubehör des einzelnen Volksgliedes. Es hängt seiner Persönlichkeit an, ist ihm angeboren, wie es seinen Vätern angeboren war; also von ihnen ererbt. Dieser germanische Rechtsgedanke ist die Quelle der „angheboren vrieheyd“ der Niederländer, des „birthright“ und „inherited freedom“ der Engländer; aber auch der „natürlichen Freiheit“ des Naturrechts: „die ew’gen Rechte, die droben hängen unveräußerlich“, für die Schillers Schweizer kämpfen, sind keine anderen — dem schwäbischen Dichter war das wohl bewußt — als die „alten Rechte, wie wir sie ererbt von unsern Vätern“. Das „gute alte Recht“ der Heimat Schillers, die „Menschenrechte“ der französischen Revolution, unsere „Rechte der Preußen“ sind eines Geistes Kinder, des deutschen Rechtsgedankens.

Von diesem deutschen Rechtsgedanken stammt aber auch der moderne Staatsgedanke, und deshalb verträgt sich der so gut mit den Freiheitsrechten, die doch in der Formallehre unserer, vom Naturrecht überkommenen, politischen Begriffe seinem Prinzip zuwider sind. Das Recht, das dem Einzelnen als Persönlichkeitseigenschaft anhängt, ist nicht nur das geschriebene, auch nicht nur das auf Übung (wonheit) beruhende, sondern das als geltungsberechtigt empfundene: die Gerechtigkeit. Was im frühen Mittelalter und was im ständischen Staat der Herrscher beim Regierungsantritt mit der Aufrechterhaltung des den einzelnen Volksgliedern zustehenden Rechts zusichert, ist, neben der Freiheit, die Gerechtigkeit, die „iustitia“; nicht die abstrakte „iustitia“, sondern, wie die Rechte und Freiheiten der Einzelnen, ihre Gerechtigkeiten: iura, libertates et iustitiae. Aber doch damit und darin das Prinzip. Dies Prinzip aber ist — wie wir noch in anderem Zusammenhang sehen werden — nicht ein viel anderes als das, was wir heute als Gemeininteresse oder öffentliches Interesse bezeichnen würden, wenn auch materiell, seinem Inhalt nach, viel enger gefaßt. Recht, Rede und Gerechtigkeit, lex rectitudo, ratio und iustitia gehören dem alten Denken zusammen und erschöpfen den Staatszweck, sie bestimmen daher mit dem Rechtsgedanken den Staatsgedanken. So stellt noch die Petition of right zusammen „reason and franchise of the land“. In der Einheit des Persönlichkeits-, Freiheits- und Rechtsgedankens ist also zugleich die des Staatsgedankens gegeben. In der „raison d'état", in der mit der Entwicklung des modernen Staats die politische, zweckgedankliche Einheit der Staatsidee zum Ausdruck kommt, haben wir noch heute in der Ausstrahlung der einstigen Einheit von lex et ratio[1] zugleich die Fortsetzung jener alten Zusammenfassung von Einzel- und öffentlichem Interesse. Aus derselben Gleichsetzung von Recht und Rede als Bezeichnung des Gemeininteresses hat noch jetzt das zur Vertretung der Interessen „des ganzen Volks" (art. 83 Pr. V.-Urk.) berufene Organ des modernen Staates seinen Namen: das Parlament.[2] Und so allgemein wirkt im volklichen Denken jene Einheit der deutschen Vorstellung von dem Recht als dem feierlich — durch Rede — zu wahrenden Prinzip — ratio — der Volksgenossenschaft und daher zugleich als dem, dem einzelnen Volksglied durch Geburt Anhangenden, daß Goethe den Geist, der stets verneint, zu seinen Zwecken der Irreleitung des Rechtsdenkens sich der Überzeugungswärme jener Vorstellung bedienen läßt: „Vom Rechte, das mit uns geboren, ist leider nie die Rede."[3]

Jedoch, beruhen nicht alle diese einheitlichen Vorstellungen auf völliger gedanklicher Unklarheit? Sie ist nicht so groß, wie es zunächst scheinen muß. Gewiß dürfen wir uns nicht darüber täuschen, daß der alte deutsche Staatsgedanke, der wesentlich auf Rechts-

---

[1] Daher noch heute im Französischen avoir, donner raison = recht haben, geben; rendre r. = sich verantworten; demander r. = Rechenschaft verlangen; faire r. à quelqu'un = jemandem gerecht werden usw.

[2] F. Frensdorff, Recht und Rede, historische Aufsätze, dem Andenken an Georg Waitz gewidmet, 1886, 448ff.

[3] Nichts liegt mir ferner als die banausische Kinderei, Goethe ein Wortspiel mit rechtshistorisch-philologischen Konstruktionen unterzuschieben. Ebensofern aber muß die Auffassung liegen, daß hier ein bloßer Zufall gewirkt habe: die ungeheuere Feinheit, Sicherheit und Unmittelbarkeit Goethescher Empfindung läßt keine andere Annahme zu, als daß die alten deutschen Vorstellungen von Geburtsrecht, von Rechtlichkeit und Redlichkeit unmittelbar schaffend in der Ausdrucksprägung am Werke waren.

bewahrung abgestellt war, auf den modernen Staat nicht anwendbar ist, wenngleich wir diese Beschränkung des Staatszwecks nicht gar zu überlegen auffassen dürfen; war sie doch keine andere, als sie die Größten im neueren deutschen Geistesleben, Kant, Fichte und Humboldt, für richtig hielten. Aber auf den materiellen Gehalt dieses Staatsgedankens kommt es gar nicht an, sondern auf seine formale Bedeutung: das Bewußtsein eines einheitlichen Gemeininteresses, das im modernen Staat — ich brauche nur an L. v. Haller zu erinnern — keineswegs immer in einwandfreier Klarheit vorhanden war. Im Rechtsgedanken andererseits kann die logische Trennung der subjektiven und der objektiven Seite des Rechts in einem höher entwickelten Stadium des Rechtslebens und in komplizierterem wirtschaftlichen Verkehr nicht entbehrt werden, ohne dem Recht ein wichtiges technisches Hilfsmittel für die Erfüllung seiner sozialen Funktion zu nehmen. Eine ganz andere Frage ist es aber, ob, nachdem nun diese logische Trennung gesichert ist, nicht doch der alten einheitlichen Vorstellung vom Recht eine Betonung der Erkenntnis zu entnehmen ist, daß beide Teile eben doch nur Seiten einer Einheit sind und deshalb Teile, die sowohl für Beide wie für die Einheit wichtige Momente der Beurteilung bieten unter dem Gesichtspunkte ihres eigensten Wesens, ihrer sozialen Funktion. Wir brauchen uns nur zu erinnern, wie in unserem heutigen Recht die im Zivilrecht begründete subjektive Berechtigung der Selbsthilfe im Strafrecht den objektiven Rechtssatz der Ausschaltung aller in concreto damit kollidierender Verbotsnormen auswirkt, um die praktische Bedeutung solcher Beurteilung zu erkennen. Wir werden daher sehen müssen, ob in dem germanischen Rechtsgberiff nicht neben dem juristisch nur negativ, verschleiernd, wirkenden Gemütswerte nicht doch positive, Klärung bringende, rechtsgedankliche Werte enthalten sind.

In dem primitiven Rechtsgedanken, der das Recht nur in seiner Wirkung für die Person sieht, liegt mit dem Mangel logischer Klarheit und Differenzierung zugleich auch der Vorteil der Anschaulichkeit und damit der Unmittelbarkeit der Überzeugung. Denn wenn ich das Recht als untrennbare Eigenschaft meiner Persönlichkeit empfinde, kann ich auch die in der gleichen Ordnung mit mir Lebenden nicht ohne die gleiche Eigenschaft (unicuique competens) mir vorstellen. Indem das Recht nur erscheint in der Teilhaftigkeit des Einzelnen an ihm, erscheint diese selbst immer schon in der Beschränkung aus der Teilhaftigkeit aller anderen. Konnte daraus zwar der Begriff der Persönlichkeit, wie ihn das römische Recht kannte, nicht gedacht werden, so mußte doch um so stärker das Bewußtsein der Gleichwertigkeit des Rechtes in dem Andern mit dem Recht in dem Ich und daher das Bewußtsein der Pflicht unmittelbar aus dem des Rechts entstehen, während es im römischen Recht erst logisch konstruiert werden mußte. So war denn das Wesen der Freiheit nicht nur die Teilhaftigkeit am Recht, sondern auch die Pflicht gegenüber dem anderen Freien, ihm „Rechtes zu helfen". Darin liegt der tiefe sittliche Grundzug der deutschen Rechtsidee, den O. v. Gierke mit Recht so hervorgehoben. Denn jene Pflicht hatte ihren Grund nicht sowohl in dem Gedanken der Gegenseitigkeit, als vielmehr unmittelbar in der Rechtsidee. Daß die Rechtsidee nicht den Gedanken eines subjektiven Rechts ausgebildet hatte, war nur die Folge davon, daß sie nicht rein individualistisch, sondern zugleich kollektivistisch gedacht war. Recht ist nicht das, was der Einzelne hat, oder schuldet, weil oder damit es der andere schuldet. Sondern Recht ist das, woran der Einzelne Teil hat, weil es das Band der Gesamtheit ist. Die Grundpflicht im Rechtsleben, die Pflicht, Rechtes zu helfen, in der Rechtsverfolgung als Zeuge und Urteiler vor Gericht und bei der Vollstreckung des Rechtsspruches, in der Verfolgung des Friedensbrechers und Abwehr des äußeren Feindes, diese Pflicht ist zugleich die Grundlage der Organisation des Gemeinlebens. Recht und Pflicht der Einzelnen gegeneinander besteht, weil sie Glieder der Gesamtheit sind, die durch das Recht verbunden ist; weil sie Genossen im Recht sind. Nicht der Nützlichkeitsgedanke des subjektiven Interesses der Einzelnen in seiner Gegenseitigkeit ist die Grundlage der Rechtsidee, sondern die Rechtsidee in ihrem eigenen sittlichen Gehalt ist als leitende soziale Kraft die Grundlage für die Bewertung der Lebensregungen des Einzelnen. Deshalb gibt sie diesem Rechte gemäß den Pflichten, die seinen sozialen Wert bestimmen; nicht gibt sie ihm Pflichten, weil seine Rechte Pflichten der andern bedingen und solche daher auch von ihm verlangen. Das ist die deutsche Idee der Treue: nicht sowohl nur die subjektive Gegenseitigkeit der Pflichten und Rechte, sondern zugleich das ganze Gefüge dieser gegenseitigen Rechtsbeziehungen in voller Objektivierung, als Prinzip des Gemeinschaftslebens. Die Treue ist, wie man es neuerdings genannt hat[1]: Treue gegenüber dem Recht.

In dieser Rechtsidee der Genossenschaftlichkeit im Recht liegt ein hoher staatlicher Wert. Darüber bedarf es keines Wortes, nachdem „für die Freiheit unsere Väter starben" vor hundert Jahren in jenem Volksheer, das von Scharnhorst und Boyen bewußt und konsequent auf jenem Gedanken aufgebaut war.[2] Und dessen staatliche Bedeutung und rechtlicher Gehalt wird nicht im mindesten davon berührt, wenn wir erkennen, daß subjektives und objektives Recht juristisch ihrer Funktion nach ganz verschiedene Dinge sind. Der logischen Scheidung zweier Dinge widerstreitet es in keiner Weise, daß man sie als die entgegengesetzt gerichteten Wirkungen e i n e r Kraft ansieht. Die Trennung kann höchstens anschaulicher dadurch werden.

Erkennen wir aber die Rechtsidee der Genossenschaftlichkeit als heute noch denkbar an, so ergibt sich daraus für das staatliche Denken

---

[1] F. Kern, Gottesgnadentum und Widerstandsrecht 1914, 177.

[2] Wolzendorff, „Gedanke des Volksheeres" 1914, 16ff., bes. 23, sowie unten S. 76 ff.

ohne weiteres, daß die Idee der Freiheitsrechte nicht nur dem Gedanken der staatlichen Einheit nicht widerspricht, sondern ihm geradezu Leben und Gehalt gibt. Der Staatsgedanke ist heute nicht mehr auf die Rechtsbewahrung beschränkt, aber die Erhaltung und Fortbildung des Rechts wird immer eines seiner wesentlichsten Elemente bleiben. Setzen wir nun aber die Rechtsidee im Sinne des alten deutschen Rechts als die die Volksgesamtheit zusammenfassende Kraft, die dem Einzelnen wegen seiner Zugehörigkeit zu jener und der darin begründeten Pflichten gegenüber der Gesamtheit der Genossen im Recht auch sein Teil am Recht gibt, dann können wir dies Teil logisch nun durchaus subjektiv fassen, ohne dem Gedanken staatlicher Einheit zu widersprechen. Dann umschließt der Staatsgedanke, wie der altgermanische Rechtsgedanke nach Gierkes Wort, einheitlich das „Fürsichsein und Füranderesein, das Individuelle und das Gemeinschaftliche". Dann wird die Frucht jener Erkenntnis aufgehen, die derselbe tiefe Kenner deutschen rechtlichen Wesens vor über vierzig Jahren schon ausgesprochen hat[1], daß die Idee des öffentlichen Rechts recht eigentlich eine Schöpfung der germanischen Rechtsidee und nur eine Folge deren tieferer und weiterer Anlage ist.

---

[1] Gierke, Das deutsche Genossenschaftsrecht II, 1873, 33, 32.

III.

Die tiefere und weitere Idee des deutschen Rechts war der Kern, aus dem die Idee eines einheitlichen öffentlichen Interesses sich entwickelt hat. Als bei Rousseau zum ersten Male in der Moderne die Idee der staatlichen Einheit in der Konstruktion der Souveränität einer volonté générale zu formaler Klarheit sich erhob, da war dies nur die logische Konsequenz aus dem seit langem in Theorie und Praxis anerkannten Grundsatz: salus publica suprema lex. Die gewaltige politische Überzeugungskraft, der dieser — an sich viel ältere — Grundsatz seinen Siegeszug verdankt, lag darin, daß die kalvinistischen Staatstheoretiker, die ihren liberalen Staatsgedanken damit eine Stütze gaben, ihn unmittelbar auf den in dem ständischen Staatsrecht fortlebenden alten deutschen Gedanken von der Bestimmung der Staatsaufgaben durch die iustitia stellten. Wie denn gerade Jurieu, der zuerst — vor Locke — dem englischen Staatsrecht die Idee des angeborenen Rechts zu rechts- und staatstheoretischer Verwertung entnahm, auch den Satz formuliert hat: „Le salut du peuple est la souveraine loy". Aber freilich war diese salus publica oder salus populi doch nur in sich einheitlich gedacht, nicht im Staatsgedanken, und so konnte Rousseau sie zur Einheitlichkeit des Staatsgedankens nur erheben durch Ausschließung eines anderen, im deutschen Staatsleben sehr realen Elements, des monarchischen Gedankens. Denn das war die politische Bedeutung seiner staatstheoretischen Ausschließung des Herrschaftsvertrages. Die salus publica war an sich — und das ist die politische Bedeutung des früheren Dualismus von Gesellschafts- und Herrschaftsvertrag — als Gesellschaftsgedanke (Jurieu: fin de la société) durchaus antithetisch dem monarchischen Gedanken (Jurieu: autorité souveraine) gegenübergestellt. Ist demnach dieser genossenschaftliche Staatsgedanke nicht schlechterdings unvereinbar mit dem monarchischen Charakter des deutschen Staates?

Die Frage ist für uns nicht die logischer Konstruktion eines denkbaren genossenschaftlichen Staatsgedankens, sondern der Beurteilung desjenigen des deutschen Rechts- und Staatsdenkens. Deshalb dürfen wir nicht vergessen, daß die naturrechtliche Idee der Bindung des Herrschers an das volkliche Gemeininteresse ihre ungeheure Wirkungsfähigkeit, die schließlich zur Überwindung der absolutistischen Staatsidee führte, erst dadurch erlangt hatte, daß die Monarchomachen und ihre Nachfolger sie ganz auf die Grundlage von Institutionen des positiven Staatsrechts gestellt hatten, die durchweg der Kulturwelt des deutschen rechtlichen und staatlichen Denkens angehören. Es waren die Formalien des Regierungsantritts im ständischen Staatsrecht, besonders im deutschen Reiche, in England, Brabant, Ungarn und Arragon. Die Bindung der Herrschermacht an das Gemeininteresse erschien in jenen Staatslehren lediglich als die Verbindlichkeit, die in dieser Staatsordnung der Herrscher tatsächlich beim Regierungsantritt einging. Das war aber keine andere als die Bindung an die iustitia, die germanische Rechtsidee, die zugleich der Staatsgedanke ist, wie das in so wundervoller Weise Zwingli zum Ausdruck bringt, wenn er das Beurteilungsprinzip staatsbürgerlichen Verhaltens legt in die „lieb der gemeinen grechtikeit“.

Aber diese Gerechtigkeit, die der deutsche König, die Herrscher von Brabant und Arragon, von England und Ungarn, zu wahren, Gott gelobten, war auch dieselbe, in der Wilhelmus von Nassauen Gott dem Herren „oboedieren“ mußte gegen den „König von Hispanien", getreu der Blyde Inkoemste von Brabant. Mit dem monarchischen Gedanken, wie er im deutschen Staate nicht nur geltendes Recht und politisches Prinzip, sondern auch Kraft, Leben und Überzeugung ist, ist diese Gerechtigkeit als rechtliches Prinzip unvereinbar. Sie ist schlechterdings Dualismus und Gegensatz zu der wahren Einheit des modernen Staates, wie sie im Leben besteht. Ist jedoch wirklich dieser Gegensatz so in dem Wesen der germanischen Rechtsidee begründet, oder ist er nicht eine Folge des Zerfalls deutschen Staatslebens seit dem späten Mittelalter, also gerade nur eine Entartung des deutschen Genossenschaftsgedankens?

Das germanische Gemeinleben war bei seinem Eintritt in die Geschichte fast durchweg ein monarchisches. Das macht es schon sehr unwahrscheinlich, daß sein Rechts- und Staatsgedanke im Gegensatz zum monarchischen Gedanken gestanden habe. Tatsächlich wissen wir, daß dieser von ihm völlig ausgeprägt war. Zwar ist diese Ausprägung mit nichten klar; die verschiedensten Vorstellungen wirken mit, neben- und gegeneinander; immerhin aber lassen sich gewisse Grundgedanken feststellen, die überall wiederkehren. Zunächst mußte die Vorstellung der Genossenschaftlichkeit im Rechte durch die dem deutschen Denken innewohnende Tendenz zu sinnlicher Anschaulichkeit dahin führen, nach einer Verkörperung des die Genossen verbindenden Gemeinschaftlichen zu suchen. Da nun aber die Gemeinschaft im Recht, in der die Freien das Volk bildeten, zugleich das Heer war — richtiger gesagt vielleicht: das Heer das Volk bildete — so war jene Verkörperung in unmittelbarster Anschaulichkeit vorhanden im Führer des Heerbannes, in dessen Vordringen oder Weichen das Schicksal des Volkes lag. So war es, da die Heeresfolge nur als ein Ausfluß der genossenschaftlichen Pflicht, Rechtes zu helfen, erschien, lediglich eine Folge dieses Gedankens, daß der Führer von Heer und Volk zugleich der erste der Rechtsgenossen und der Wahrer ihres Gemeinschaftsinteresses war. Damit war der monarchische Gedanke gegeben. Er war eine Konsequenz des Genossenschaftsgedankens, hatte aber dadurch von vornherein zwei ganz verschiedene Seiten. Weil der genossenschaftliche Wert des Monarchen die Grundlage seines Rechtswertes war, mußte dieser sich mit jenem einerseits steigern, andererseits mindern. Seine größere Leistungsfähigkeit sichert ihm die Unabsetzbarkeit, die durch Treueid bekräftigt wird.[1] Die Leistungsfähigkeit einer Reihe von Führern aus dem Herrschergeschlecht erhöht dessen legendarische Stellung, indem sie das hervorragende Geschlecht als Göttersproß aus dem Volk herausheben läßt.[2] Umgekehrt vernichtet die Leistungsunfähigkeit des einzelnen Königs seinen besonderen Wert, und aus dem Genossenschaftsgedanken ergibt sich das Recht, ihn abzusetzen. Denn das Recht, als das die Gesamtheit bildende, bindet auch den König; daher sein Eidschwur, das Recht zu wahren, und als Folge dieses Eidschwurs seine Anerkennung durch das Volk, die seine Rechtsstellung erst vollendet.

In diesem alten deutschen Königsgedanken lagen Elemente vermischt, die, sobald sie klarer durchdacht wurden, miteinander nicht mehr vereinbar sein konnten: der göttliche Ursprung des Königtums und die Notwendigkeit seiner Anerkennung durch das Volk; seine höchste Macht im Staat und die Bedingtheit dieser Macht. Schon die Scholastik hat — freilich unter Einfügung noch anderer Elemente, die hier unberücksichtigt bleiben müssen[3] — die Klärung und Scheidung vorgenommen. Damit mußte in das früher unklar einheitliche jener klare Dualismus hineinkommen, den wir kennen gelernt haben. Lange noch hielt man an der Zusammengehörigkeit der einzelnen Elemente fest. Neben jenen Gedanken der Bindung des Herrschers durch die iustitia setzten die Monarchomachen den des

---

[1] Amira, Grundriß des germanischen Rechts, 3. Aufl. 1913, 94, 95; Kern, Gottesgnadentum und Widerstandsrecht im frühen Mittelalter 1914, 170, 136ff.

[2] Amira, a. a. O., Kern 20.

[3] Vgl. jedoch besonders Kern 53ff., 204ff.

doppelten Rechtsgrundes des Herrschers: constitutus a Deo, institutus a populo; der Fürst ist nach der niederländischen Absagungsakte „van Gode ghesteldt“, aber vom Lande „ontfangen op Conditien“, es „met recht ende redene to regeeren“. Um den Widerspruch zu überbrücken, griff man zur mittelalterlichen Idee des Staatsvertrages. Damit wurde aber der Dualismus nur noch mehr betont und wurde, je mehr das Staatsleben sich vom ständischen Staat und dessen dualistisch-vertraglicher Grundlage entfernte, immer heilloser, bis ihn mit kühner Operation im Staatsleben das Prinzip des monarchischen Absolutismus, in der Staatstheorie (Rousseau) das der radikalen Demokratie überwand — damit die konstitutionelle Monarchie in dem Ausgleich zwischen beiden das dualistische Problem erneuern konnte.

Also ist die Klarheit des Dualismus, oder die Unklarheit der Einheitlichkeit — die alte des Genossenschaftsgedankens oder die neue der Formalidee — eine Szylla und Charybdis, vor der es kein Ausweichen gibt? Unklarheit kann für gedankliche Erklärung nicht in Frage kommen. Das Leugnen der Einheitlichkeit aber würde nur den Gedankenapparat unserer Staatslehre, nicht die Idee unseres Staatslebens erklären. Also werden wir doch zusehen müssen, ob mit dem genossenschaftlichen Rechts- und Staatsgedanken dieser nicht beizukommen ist.

Wenn unser Kaiser sich als Diener des Volks bekennt, so ist dies Wort zwar durch Vermittlung Friedrichs des Großen der naturrechtlichen Tradition entsprungen, aber es geht in dieser zurück bis auf Johann von Salisbury (minister populi) und ist der germanischen Staats- und Rechtsidee entnommen, dem Gedanken der genossenschaftlichen Gemeindienlichkeit des Herrscheramtes. Deren anderer Gedanke, die Bindung des Herrschers an das Recht, ist in unserer Staatsordnung ebenfalls verwirklicht. Das Erbrecht ist nur die konsequente Fortbildung des germanischen Geblütsrechts, und es steht heute mehr unter der Rechtsordnung denn jenes. Das war aber mit dem Genossenschaftsgedanken ebenso vereinbar wie andererseits der legendarische Charakter des germanischen Königtums, der rechtsgedanklich vielleicht schwerer wiegt als die aus Selbstbewußtsein und Selbstbescheidung gemischte Gottesgnadenidee unseres modernen Königtums. Insoweit stimmt also der heutige deutsche monarchische Gedanke ganz mit dem germanischen überein und läßt sich so aus der genossenschaftlichen Rechtsidee einheitlich erklären. Wenn es dazu noch eines weiteren Beweises bedürfte, so müßte der Hinweis genügen, daß der monarchische Gedanke nirgends kräftiger zur Geltung kommt als im Heer und dieses doch 1814 wesentlich auf den genossenschaftlichen Gedanken gestellt war; ja noch mehr, bis heute ist das Offizierkorps eine genossenschaftliche Organisation und enthält doch die engste persönliche Bindung an den Monarchen, die unser Staats- und Rechtsleben kennt. Es bleibt aber ein Punkt, in dem die heutige Rechtsstellung des Monarchen grundverschieden ist von der des germanischen Königtums: die affirmatorische Bedeutung ihrer Anerkennung durch das Volk und deren Bedingtheit. Diese Seite des alten genossenschaftlichen Königsgedankens hat in unserer positiven Rechts- und Staatsordnung schlechterdings keinen Raum. Sie widerstreitet ebenso der Institution der Monarchie als der Trägerschaft der Staatsgewalt, wie insbesondere das Volkswiderstandsrecht, das sich aus der nur bedingten Anerkennung des Königsrechts ergibt, dem Staatsgedanken zuwider ist. Das ist doch wohl ganz zweifellos.

Es ist nicht zweifellos. Noch bis zur Mitte des vorigen Jahrhunderts haben die bedeutendsten Lehrer des Staatsrechts, wie Klüber, Rotteck und Mohl, ja mit letzterem die ganze Tübinger Rechtsfakultät, den Gedanken eines Widerstandsrechts des Volkes gegenüber unrechtmäßiger Ausübung der Staatsgewalt nicht als dem Staatsgedanken zuwiderlaufend angesehen, und wenige Jahrzehnte früher waren Männer so verschiedener Geistesrichtungen wie Fichte, Haller und Welcker in der gleichen Auffassung einig. Die angesehensten französischen

Staatsrechtslehrer wie Jèze und Duguit vertreten sie heute noch. So ganz einfach kann diese Frage also doch nicht sein. Tatsächlich ist — wie hier nicht näher dargelegt werden kann — die Verneinung eines Volkswiderstandsrechtes keine selbstverständliche Folgerung aus dem Staatsgedanken an sich, sondern ist ein Grundsatz, der sich nur aus der Wesenserkenntnis der gegenwärtigen Staatsordnung und des in ihr wirkenden Staatsgedankens herleiten läßt. Das Widerstandsrecht wäre nämlich nichts anderes als ein Mittel des Rechtsschutzes: Selbsthilfe, Notrecht; ein Rechtsinstitut also, dessen prinzipielle Bewertung gegenüber der Rechtssatzung gerade in unseren Tagen wieder außerordentlich gestiegen ist.[1] In seinem Innern läßt aber der moderne Staat eine Selbsthilfe nur kraft seiner eigenen Autorisation zu, denn er hat den Rechtsschutz monopolisiert, wie für das Privatrecht, so für das öffentliche Recht. In den Institutionen der Mitwirkung der Volksvertretung bei der Gesetzgebung, des Vorranges des Gesetzes und der gesetzmäßigen Verwaltung, der Kontrolle des Parlaments (Petitions- und Interpellationsrecht), der Verwaltungsrechtssprechung, der Unabhängigkeit der Gerichte und der Beteiligung des Volkes an der Rechtsprechung (Laienrichter) und Verwaltung (Selbstverwaltung und Laienbeteiligung in der staatlichen Verwaltung) hat die Organisation des modernen deutschen Rechts- und Verfassungsstaats ein rechtsgedanklich so geschlossenes Rechtsschutzsystem zur Sicherung der Volksrechte geschaffen, daß für ein Selbsthilferecht des Volkes kein Raum mehr ist. Nur daraus ist rechtsgedanklich der Ausschluß eines Volkswiderstandsrechtes herzuleiten, daß im heutigen deutschen Staat die Aufgabe des Rechtsschutzes schlechterdings nicht gefördert werden kann durch den Umsturz der Staatsordnung und der Staatsgewalt, weil eben diese in jener die Aufgabe des Rechtsschutzes prinzipiell restlos übernommen und in ihr

---

[1] Vgl. statt alles anderen J. Kohler, „Not kennt kein Gebot" 1914.

die Mittel zu dessen Ausgestaltung im Falle der Unzulänglichkeit bereitgestellt hat. Das alles ist aber nur eine Folge davon, daß die Staatsgewalt sich selbst und ihren Träger in die Rechtsordnung eingefügt hat. Dies jedoch ist nichts anderes als die Verwirklichung der deutschen Rechtsidee der Genossenschaftlichkeit. Es ist also nicht allein nicht dieser zuwider, sondern nur ihre Konsequenz, wenn wir im heutigen deutschen Staat die durch die Rechtswahrung bedingte Anerkennung des Trägers der Staatsgewalt durch das Volk und dessen entsprechendes Widerstandsrecht nicht mehr haben. Und die dadurch ermöglichte genossenschaftliche Auffassung des Königtums entspricht vollauf dem volklichen Rechts- und Staatsbewußtsein, das noch heute im alten Liede gerade die innigste Empfindung des monarchischen Gedankens, den Willen, den Landesherrn „recht zu lieben", damit begründet: „er versprach uns zu schützen das alte Recht."

Doch ist damit nur die Idee der Bedingtheit der Anerkennung durch die Rechtswahrung, nicht die der Anerkennung selbst, erledigt. Für deren Beurteilung dürfen wir nicht vergessen, daß die bedingte Anerkennung des Herrschers in der alten deutschen Staatsidee noch eine andere Seite hat. Ihr Grund und ihre Bedingung besteht mit der Rechtswahrung auch in der Wahrung des Gemeininteresses. Daß dieser Gedanke nicht, wie der der Rechtsbewahrung, durch das Rechtsschutzsystem des modernen Staates erledigt ist, ist klar. Man wird auch nicht sagen können, daß er durch die konstitutionelle Organisation zur Vertretung der Volksinteressen (Parlament, Selbstverwaltung, Laienbeamte) erschöpft sei, denn er bestand auch im alten deutschen Staat neben diesen Dingen. Seine Wirkung im heutigen deutschen Staat ist aber ebensowenig denkbar, denn das Monarchenrecht ist unmittelbar in der Staatsordnung gegründet. Die Notwendigkeit einer auch nur ergänzenden Anerkennung durch das Volk ist undenkbar. Ist ein Ausgleich unmöglich?

Das Volksempfinden findet den Anschluß an den alten Gedanken und damit den Ausgleich leicht. Es zweifelt nicht an der Unmittelbarkeit des Rechts seines Königs und hat doch noch ganz das alte deutsche genossenschaftliche Bewußtsein: „Liebe des Vaterlands, Liebe des freien Manns, gründet den Herrscherthron wie Fels im Meer.“ „Wir alle stehen dann mutig für einen Mann.“ So singt seit über einem Jahrhundert preußisch-monarchische Gesinnung. Mit solchen kindlichen Gemütsempfindungen kann die Wissenschaft aber nichts anfangen. Warum nicht? Gewiß, sie darf sich damit nicht begnügen, aber warum nicht führen lassen zu dem, was in Einfalt ein kindlich Gemüt gerade sieht, weil es dem Verstand der Verständigsten verborgen ist. Worauf beruht denn das Recht der preußischen, wie aller modernen, Monarchen? Was sagt Bismarck, der doch wahrlich kein schlechter Preuße und lauer Royalist war? Es läßt sich „kein vollständig legitimer Besitztitel nachweisen“. Die heutige Rechtsmacht der preußischen Herrscher umfaßt auch diejenige, die sie ihren früheren völlig legitimen Inhabern, den brandenburgischen und sonstigen Ständen genommen haben, und in der gerade auch jenes Recht der bedingten Anerkennung weiterlebte. Und doch ist uns der heutige Zustand Recht. Daß er aber Recht ist, beruht auf etwas ganz anderem, als dem Grund, den Bismarck angibt: „Die Zustände sind eingealtert und wir haben uns an sie gewöhnt.“ Nein, es ist nicht passive Indolenz, die uns die Rechtsstellung des preußischen Königs als etwas Unabänderliches ertragen läßt, und das hat Bismarck auch sicherlich nicht gemeint. Sondern die Vorstellung von der Rechtmäßigkeit der Stellung des Monarchen im modernen Staat beruht auf der psychologischen Tatsache, daß ein derartiger, dauernd bestehender Zustand im Menschen die Vorstellung erzeugt, er gelte als Ausfluß der rechtlichen Ordnung. Nicht in seinem Bestand unmittelbar liegt seine Rechtfertigung, sondern in der Überzeugung von der Rechtlichkeit seines Bestandes. Diese entsteht aber nicht allein aus der psychologischen Wirkung seines Bestandes, der normativen Kraft des Faktischen (G. Jellinek), sondern es kommt noch ein weiteres Moment hinzu, das bei einer für das allgemeine Denken so gewaltigen Frage, wie der einer Änderung der höchsten Gewalt im Gemeinleben, besonders stark bewertet werden muß. Denn „noch ehe die Gewöhnung die Umsetzung des Tatsächlichen in Normatives vollzieht, wirkt die Überzeugung der Vernünftigkeit der neuen Ordnung in solchem Falle die Vorstellung ihrer Rechtmäßigkeit aus“ (G. Jellinek). Die Überzeugung der Vernünftigkeit liegt hier in der Überzeugung von der Gemeindienlichkeit der Vereinheitlichung der früheren gedoppelten Staatsgewalt in der Hand des Fürsten. Sie ist in der Wirkung untrennbar von dem anderen Moment des psychologisch normativ wirkenden, dauernden und festen Bestandes. In dieser zwiefachen, aber unzerlegbaren Überzeugung von der Rechtmäßigkeit der Monarchenstellung liegt deren Rechtsgrund. Ist das etwas wesentlich anderes als eine Anerkennung? Eine Anerkennung freilich, für die die Gemeindienlichkeit des Herrscheramtes nur mehr causa remota, nicht modus oder gar conditio ist. Die Anerkennung des alten deutschen Staatsrechts aus der Genossenschaftsidee war völlig formlos. Die jetzige unterscheidet sich von ihr daher nur darin, daß sie die Überzeugung von ihrer rechtlichen Notwendigkeit in sich trägt. Das ist aber kein wesentlicher Gegensatz. Denn der Rechtsgedanke der Anerkennung ist nur der des genossenschaftlichen Selbstbestimmungsrechts. Aus der rechtlichen Fähigkeit zur Selbstbestimmung ergibt sich aber auch die Möglichkeit deren rechtlicher Selbstbindung.

Es ist keine künstliche Konstruktion, die wir hier vornehmen, um die rechtliche Wertung der monarchischen Institution des modernen deutschen Staates mit der alten deutschen Rechtsidee in Einklang zu bringen. Schon deshalb kann dieser Vorwurf gegen unseren Erklärungsversuch nicht erhoben werden, weil dieser das gerade Gegenteil einer Konstruktion, weil er eine Rekonstruktion ist, die Anwendung jener Methode der Psychologie[1], mit der die Objektivierungen des Denkens auf den letzten, nicht weiter ableitbaren, Bewußtseinsgehalt zurückgeführt werden, aus dem sie hervorgegangen sind. Daß wir aber damit wirklich nicht einen künstlichen Schein, sondern die ganz natürliche psychologische Tatsache eines unmittelbaren Rechtsbewußtseins deutscher Staatskultur ermittelt haben, dafür sprechen zwei wichtige Erscheinungen.

Einmal ist zu beachten, daß heute noch in einigen Staaten dieser Kulturwelt sich jenes Rechtsbewußtsein völlig in der alten Form der genossenschaftlichen Anerkennungsidee erhalten hat, ohne daß der Charakter der monarchischen Institution dort grundsätzlich anders erscheint als bei uns. Sind das doch gerade jene beiden Länder, in deren rechtlichem Denken die Vorstellung des Königtums am erhabensten gewahrt wird: die Rechtssatzungen Englands und Ungarns bringen in der inauguratio des Königs noch heute jene alten deutschen Gedanken ganz in der alten Weise, mit genau denselben alten Worten zur Geltung; weshalb in Ungarn die ausdrückliche Ausschließung der Widerstandsklausel von 1222 noch heute unentbehrlich erscheint.[2] In beiden Staaten ist die Vorstellung vom König als dem Erwählten der Nation noch heute Rechtsbewußtsein und eine gewaltige Stütze der Monarchie. Und doch ist in England die Vorstellung von dem eigenen, auf göttlicher Fügung beruhenden Recht des Monarchen ebensowenig von der Idee der Volkssouveränität verdrängt, als das Recht der apostolischen Majestät an der Krone des heiligen Stephan auch nur den Schein eines Rechts von Volkes Gnaden hat.

---

[1] P. Natorp, Allgemeine Psychologie, 1. Buch: Objekt und Methode der Psychologie 1912, besonders 192 ff.

[2] Für England Hatschek, Englisches Staatsrecht (Hdbch. d. öffl. Rechts III, II, 4) 1905 I, 595 ff. und mein Staatsrecht u. Naturrecht 275 f.; für Ungarn H. Marczalai, Ungarisches Staatsrecht (Öffl. Recht d. Gegenwart XV) 1911, 61 ff. und meine Angaben a. a. O. 24.

Zum andern wirkt gerade auch in der institutionellen Auffassung der preußischen Monarchie seit Friedrich dem Großen jene Einheit des Genossenschaftsgedankens. Die seit Ende des 18. Jahrhunderts im volklichen Denken von der Nationalhymne getragene genossenschaftliche Auffassung des Königsrechts war auch die Grundlage der Auffassung des größten preußischen Monarchen von seinem Amte. Wir dürfen uns durch seine naturrechtliche Ausdrucksweise nicht irre machen lassen, von der wir außerdem wissen, daß sie geschichtlich auf alte deutsche Gedanken zurückgeht. Denn die Eigenartigkeit der friderizianischen Auffassung liegt gerade darin, daß sie den Grundsatz der Gemeindienlichkeit des Monarchenrechts anerkannte, ohne seine logische Grundlage in der naturrechtlichen Staatslehre, die dem monarchischen Gedanken antinomische Volkssouveränitätsidee, anzuerkennen. Jener Grundsatz ist also von Friedrich herausgenommen worden aus der formalistischen Begriffskonstruktion des Naturrechts. Damit mußte er notwendig auf seine ursprüngliche einheitliche Grundlage zurückkehren, wie sie in der alten deutschen Rechtsidee gegeben war. Tatsächlich hat der große König seine berühmte Bezeichnung des Herrschers als des „ersten Dieners des Staates" begründet lediglich mit dem rechtsideellen Zweckgedanken, aus dem der Herrscher zu „seinem hohen Range erhoben" und „ihm die höchste Macht anvertraut" ist.[1] So wenig wie von dem formalen logischen Vordersatz des allein ursprünglichen Rechts des Volkes, ist dabei von dem formalen logischen Folgesatz eines Staatsvertrags die Rede. Sondern die logische Grundlage des Schlußsatzes bildet offenbar nur die ganz allgemeine materielle Idee der Anerkennung. Daß dem König dabei aus der Gedankenwelt seiner Zeit ein ursprünglicher „Vertrag" vorgeschwebt haben mag[2], ändert gar nichts an der Tatsache, daß

---

[1] Politisches Testament von 1752. (Die Werke Friedrichs des Großen, herausgegeben von G. B. Volz 1912, VII, 154.)

[2] Z. B. Antimacchiavell, Kap. 1 (a. a. O. 6f.).

er nur an eine fortwirkende und in der rechtlich-sittlichen Verpflichtung des Erbmonarchen pflichtlich verankerte volkliche Anerkennung im Sinne der deutschen Rechts- und Staatsidee dachte. Denn daran hat er nie gedacht, die Formalidee des Vertrags und damit auch die Formalidee der Bedingtheit von Volkspflicht und Herrscherrecht ernst zu nehmen. Die geschichtlich-germanischen, materiellen Gedankenelemente der naturrechtlichen Vertragslehre, die Ideen der Anerkennung, der Rechtsgebundenheit und Gemeindienlichkeit des deswegen durch höhere Fügung verliehenen Königsrechts hat Friedrich losgelöst von der romanistischen Begriffsisolierung und zurückgeführt auf die Überzeugungseinheit deutschen Staatsdenkens aus der Rechtsidee. Seine Auffassung von der Stellung des Monarchen war somit keine andere als die, wie sie in den Formalien des englischen und ungarischen Krönungsrechts noch heute lebt, die Einheit der Rechtsmacht des Königs mit seiner Rechtspflicht, die iustitia zu wahren: „Wahrung des Rechts ist eines Herrschers erste Obliegenheit.“[1] Und zwar des Rechts im alten deutschen Sinne, des objektiven Rechts als Persönlichkeitseigenschaft des einzelnen Volksgliedes: der König muß „jedem sein Recht schaffen“.[2] So klar und sicher gefügt ist deutsches Rechts- und Staatsdenken in sich, daß es dem durchdringenden Auge des größten deutschen Monarchen sofort unter dem Dogmengewande der Wissenschaft seiner Zeit erkennbar war.

Gerade diese Vereinbarkeit der Vorstellung von der Rechtserheblichkeit höherer Fügung in der Erblichkeit mit der der Anerkennung des Königrechts aus seiner Rechtsgebundenheit und Gemeindienlichkeit ist nur in und mit der alten deutschen Rechtsidee gegeben. Für die mit dem Gedankenapparat des Naturrechts arbeitende Staatslehre, wie sie gegenwärtig besteht, stehen beide Vorstellungen in dem unlösbaren Gegensatz der Dogmen vom ursprünglichen Recht des

[1] Ebenda, vgl. auch Kap. 14 (a. a. O. 58).
[2] Politisches Testament von 1752 (a. a. O. 154).

Herrschers und dem des Volkes, von Herrschersouveränität und Volkssouveränität. Das ist nur künstlich verschoben worden dadurch, daß man mit der Erkenntnis, daß weder Herrscher noch Volk souverän seien, sondern der Staat, den Widerstreit jener Theorien als erledigt ansah. Gewiß haben jene Theorien die Frage nach der höchsten Gewalt des Staates mit der nach der höchsten Gewalt im Staate verwechselt. Aber gerade deshalb ist mit der Entscheidung ersterer für diese nichts gesagt. Und die an sich so ungeheuer wichtige Erkenntnis von der Organstellung des Monarchen gibt in der Frage noch keineswegs das letzte Wort. Der Monarch hat ein unentziehbares Recht an dieser schlechthin umfassenden Organschaft, an der Trägerschaft der Staatsgewalt. Und dieses Recht fällt ihm an unabhängig von menschlichem Willen durch den Naturvorgang der Abstammung, also — wie von dem christlichen Standpunkt unserer Staatsauffassung nicht anders gesagt werden kann — durch göttliche Fügung, „von Gottes Gnaden". Das ist aber unvereinbar mit der „Organschaft" von seiten der souveränen einheitlichen Staatsgewalt.

Die einfache Formel der „Organschaft" des Monarchen im Staat wird den politischen und rechtlichen Tatsachen ebensowenig gerecht, wie den politischen und rechtlichen Überzeugungen, die das Leben beherrschen und zu denen die der Fürsten ebenso gehören, wie die des Volkes. Und doch ist der Gedanke der Organschaft an sich richtig. Also kann die Schwierigkeit nur darin liegen, daß er die Frage nicht erschöpft. Die psychologische Rekonstruktion seines Bewußtseinsgehaltes muß daher zur Auffindung des nichtgelösten Residuums führen. Das Bewußtsein, aus dem durch Objektivierung die Vorstellung der Organstellung des Monarchen im Staat entstanden ist, ist kein anderes als das der Rechtsgebundenheit und Gemeindienlichkeit seiner Funktionen. Das ist aber die Vorstellung, die sich aus der deutschen Rechtsidee der Genossenschaftlichkeit ergibt. In dieser war sie jedoch verbunden mit den Vorstellungen sowohl von der Rechtserheblichkeit der volklichen Anerkennung des Monarchen als von seiner göttlichen Bestimmung. Wie war jene doppelte Vorstellung und ihre Vereinigung mit jener anderen möglich? Nicht infolge einer Unklarheit der germanischen Rechtsidee, ihrer Oberflächlichkeit, sondern infolge ihrer Tiefe.

Das Wesen der germanischen Rechtsidee besteht recht eigentlich darin, daß sie mit sittlichen und Gemütswerten durchtränkt ist. Sittlichen Gedanken legt sie Rechtserheblichkeit bei; unmittelbar wegen ihres Eigenwertes, nicht nur wegen ihres sozialen Zweckwertes. Darin liegt ihre technische Schwäche, aber auch ihre innere Stärke gegenüber dem römischen Recht, die sie überall, nach der vollen Ausnutzung der Technik jenes, schließlich wieder zur Geltung bringen muß und so vielfach schon gebracht hat. So hat sie zwar niemals den Persönlichkeitsbegriff in der Klarheit des römischen Rechts ausgestalten können, hat ihn aber auch vor dessen Hohlheit und Inhumanität bewahrt.[1] Persönlichkeit, d. h. Rechtsfähigkeit, war zugleich Freiheit und Genossenschaftlichkeit. Freiheit, das rechtliche Geschütztsein des Individuums[2], bestand nur auf Grund der genossenschaftlichen Bindung im Recht. Daher ist — wie Gierke sagt[3] — Freiheit „die durch das sittliche Gemeinbewußtsein begrenzte Geltung des einzelnen Volksgenossen", und die Befugnis des Einzelnen war nicht anders zu denken als in der Beschränkung durch das Recht der Gemeinschaft und der Genossen. Deshalb erscheint die höchste Befugnis in der Gemeinschaft — wie wir fanden — gebunden in deren Recht und Interesse (iustitia), zugleich aber, wegen der Einzigartigkeit ihres Wertes für die Gemeinschaft, als Ausfluß eines göttlichen Willens, der einen Anspruch auf ihre genossenschaftliche Anerkennung verleiht, wenn und weil sie ihre höchste genossenschaftliche Pflicht er-

---

[1] Gierke, Genossenschaftsrecht II, 1873, 30ff.
[2] Amira, 125f.
[3] Gierke, a. a. O. II, 131.

füllt. Darum ruht — aus und mit eben diesem, durch göttliche Fügung gegebenen, Anspruch des Königs auf Anerkennung seiner Höchststellung — als rechtliche Pflicht auf ihm die Pflicht gegenüber der göttlichen Fügung, also die sittliche Pflicht[1], Recht und Interesse des Volkes (iustitia) zu wahren. Si oboediendum est Deo, diligenda est iustitia, heißt es vom Königsamte in der Lex Visigothorum. So schwören die Frankenkönige und die deutschen Könige zu Gott, dem Volke die iustitia zu wahren. So noch heute der englische und der ungarische König. Nichts anderes auch — wenn auch in andere Worte gekleidet — war die Auffassung des größten preußischen Königs von seiner Stellung. Die Rechtsgedanken der volklichen Anerkennung, der Rechtsgebundenheit, der Gemeindienlichkeit und des Gottesgnadentums finden ihre Einheit in der genossenschaftlichen Rechtsidee und die Organtheorie ist nur eine der logischen Wirkungen dieser Idee.

Aber ist das nicht alles Romantik? Nun, zunächst ist es nichts anderes als eine psychologische Rekonstruktion des Bewußtseins der germanischen Rechtsidee aus den Objektivierungen der Erkenntnis der heutigen deutschen Monarchie. Sie beweist, wenn anders sie psychologisch nicht fehlerhaft ist, daß das gedankliche Wesen unseres Staates aus der Genossenschaftsidee zu konstruieren ist. Um daraus Folgerungen für das heutige Staatsdenken zu ziehen, gehört freilich ein Weiteres hinzu, das bisher vorausgesetzt wurde: daß der Bewußtseinsinhalt des germanischen Rechts- und Staatsdenkens in seinen wesentlichen Elementen — die juristisch notwendige Korrektur einiger davon haben wir als für die Gesamtbeurteilung unerheblich erkannt — auch noch heute Geltung hat. Nach meiner Überzeugung ist diese Voraussetzung aber gegeben. Und es ist eine jener „Voraussetzungen der Staatsrechtslehre“, von denen Georg Jellinek gesagt hat, daß für sie „kein zweifelfreies Wissen, sondern nur ein Bekennen mög-

---

[1] Kern, 337.

lich" ist, ein Bekennen freilich, das nicht der Willkür überlassen ist, sondern „nur erwachsen kann auf dem Boden einer festen, in sich geschlossenen Weltanschauung". Die Weltanschauung, auf die es hier nur ankommen kann, ist die des deutschen Volkes, d. h. des populus und des rex, wie sie sich im Leben zur Geltung bringt und im Herbst 1914 sich am klarsten offenbart hat. Ist diese Anschauung Wilhelms II., der deutschen Volksvertretung, der preußischen und all' der anderen deutschen Bürger, wie sie sich seit damals äußert und betätigt, die, daß der Monarch das Organ einer ad hoc von der Wissenschaft erdachten juristischen Person und daneben von Gottes Gnaden sei, oder ist es die, daß er die Spitze einer Gemeinschaft des ganzen Volkes ist, ihr verbunden, aber auch über sie erhoben durch das rechtliche Band, das aus der sittlichen Wertung der Beziehungen innerhalb der Gemeinschaft diese zur Einheit zusammenschließt?

IV.

Wenn wir den genossenschaftlichen Rechts- und Staatsgedanken für die Beurteilung unseres heutigen Staatslebens verwenden können, so gewinnen wir damit auch die Möglichkeit, den Dualismus zwischen Monarch und Regierung einerseits und dem Parlament andererseits rechtsgedanklich auszuschalten.

Der Dualismus der staatsrechtlichen Erscheinungen beruht in diesem Falle, ebenso wie in den anderen bisher besprochenen, auf dem Widerstreit der institutionellen Gedanken, die ihnen unsere Staatslehre infolge ihrer Abhängigkeit von der naturrechtlichen Tradition zugrunde legt. Denn die Auffassungen der Institutionen des Königtums und der Volksvertretung, wie wir sie aus dem Naturrecht übernommen haben, stammen aus zwei ganz verschiedenen Welten. Unsere Beurteilung der monarchischen Institution ist immer noch diejenige, wie sie das Naturrecht nach dem Vorbilde der absoluten Monarchie mit den alten, bis zur Scholastik zurückreichenden Hilfsgedanken (Gottesgnadentum im späteren Sinne[1]) geschaffen hat, d. h. die Identifizierung aller Rechtsmacht des Staates mit der des Monarchen. Diese in sich klare Auffassung verliert in ihrer heutigen wissenschaftlichen Formulierung, wonach der Monarch als „Träger der Staatsgewalt" zwar Organ des Staates, aber doch nicht Organ — wie andere

[1] Dazu besonders Kern, 288f.

Organe — ist, schon erheblich an Klarheit. Sie wird aber in sich auch dadurch erschüttert, daß in der Staatslehre kaum je, im Staatsleben nie damit Ernst gemacht wird, indem etwa die rechtlichen Befugnisse des Parlaments als von der ursprünglichen Rechtsmacht des Königs abgeleitet aufgefaßt werden. Vielmehr hört in diesem Punkte die historische Beurteilung auf, und die rein begrifflich-juristische Konstruktion beginnt: das Parlament ist ebenso wie der Monarch ein „unmittelbares" Organ, d. h. sein Recht ist nicht vom König abgeleitet, sondern beruht auf der Verfassung. Hierin liegt offenbar ein Widerspruch, denn das Recht des Königs, seine vermutete Rechtsmacht, wird nicht so begrifflich, sondern historisch konstruiert aus dem Verhältnis seines ursprünglichen, unbeschränkten Rechts und dessen Selbstbeschränkung. Ob dieser Widerspruch gedanklich unlösbar ist, kommt für uns zunächst nicht in Betracht, sondern nur die Tatsache, daß er in dem staatlichen Denken in Leben und Lehre vorhanden ist. Und diese Tatsache nun hat ihren Grund darin, daß man nicht nur den Königsgedanken in der durch die romanische Denkweise der Scholastik bestimmten und durch die französische Politik des 17. und 18. Jahrhunderts erneuerten Form aus der naturrechtlichen Staatslehre übernommen hat, sondern ebenso dieser den Volksvertretungsgedanken in der Form ebenfalls romanischer Konstruktionsgedanken und der dualistischen Politik des Mittelalters entlehnt hatte. Denn die Vorstellung der Volksvertretung war im Naturrecht keine andere als die der Stände des älteren Staatsrechts, nur formalisiert durch die Staatsvertragstheorie, die die lex regia hineinkonstruierte in die Formalakte des Regierungsantritts (bedingte Huldigung) des deutschen Staatsrechts, mit denen der Fürst die Einholung der ständischen Zustimmung zu den wichtigsten Regierungshandlungen versprach.

So stammen unsere Vorstellungen von der rechtlichen und staatlichen Stellung des Monarchen und der Volksvertretung aus zwei ganz verschiedenen Welten staatlichen Lebens, der des absoluten und der des ständischen Staats. Daraus erklärt sich ihre Unvereinbarkeit. Und doch sind diese Welten nur Perioden aus der organischen Entwicklung des deutschen Staatslebens, in dem die Grundideen deutschen Staatsdenkens bis heute nicht ganz verloren gegangen sind. Daß die Ausflüsse dieses Staatsdenkens in der Auffassung von Königtum und Monarchie so völlig unvereinbar sein sollen, ist daher befremdend. Und da — wie wir fanden — Einflüsse romanischen Denkens wesentlich auf eine Formalisierung jener Auffassungen im Naturrecht hingewirkt haben, so liegt die Vermutung nahe, daß durch sie erst deren Gegensätzlichkeit eine aus sich selbst nicht nötige Zuspitzung erfahren habe.

Der rechtsinstitutionelle Gedanke einer Teilnahme des Volkes, durch Repräsentation, an der Ausübung der staatlichen Gewalt ist vom Naturrecht aus den Grundsätzen des ständischen Staatsrechts, teils unmittelbar, teils durch Vermittlung des englischen Verfassungsrechts überliefert worden. Bei aller Ausgestaltung der rechtspolitischen Folgeziehung im Einzelnen hat die naturrechtliche Staatslehre gegen Endc des 18. Jahrhunderts und vielfach auch noch diejenige in der ersten Hälfte des 19. Jahrhunderts — bis zu Albrecht — die Volksrepräsentation sich nur als eine Fortbildung des Instituts der Landstände gedacht. So war auch die wesentlichste Grundlage des von 1789 bis 1848 ausgebildeten Programms, das wir heute als „Konstitutionalismus" bezeichnen, jene sogenannte konstitutionelle Theorie der naturrechtlichen Staatslehre, wie sie, von den Monarchomachen entwickelt, von Althusius zur höchsten Blüte gebracht, die Bindung des Herrschers an das Recht proklamierte, dabei aber einerseits unter Recht die zwischen Fürst und Ständen vereinbarte Rechtssatzung verstand, andererseits die Grundlage der gesamten Rechts- und Staatsordnung in den „Grundgesetzen" erblickte. Grundgesetze, leges fundamentales, waren ihr aber jene — aus einer überstaatlichen Rechtsordnung wirksamen — Pakte zwischen Fürst und Ständen, durch die der Herrscher die Verpflichtung zur Wahrung des Rechts beschwor, also insbesondere der Befugnisse der Stände zur Teilnahme an der Regierung. Dieses Mitwirkungsrecht der Stände war stets einer der wesentlichsten Grundsätze jener iustitia, die wir oben als die Herrscherpflicht des deutschen Fürsten, als den Inbegriff seiner Rechtsgebundenheit erkannten. Die sicherste Stütze aber glaubten die naturrechtlichen Staatslehrer, voran die Monarchomachen, diesem Recht der „Herren Stände" geben zu können in seiner Herleitung aus Institutionen des Lehnrechts und des älteren Volksrechts, wie des fränkischen, westgotischen und burgundischen. Tatsächlich ist auch — bei allen Wandelungen der rechtlichen Formen und politischen Werte — die Institution des ständischen Mitwirkungsrechtes nichts anderes als die Fortführung und -entwicklung des consensus fidelium und des consensus populi des frühen Mittelalters. Dieser consensus populi war aber nur ein Gedankenglied der genossenschaftlichen Rechtsidee.

In der alten deutschen Vorstellung besteht die Genossenschaft im Recht und das Recht in der Genossenschaft. Das Recht ist das, was in der Persönlichkeit der Volksglieder wurzelnd diese zur Gemeinschaft zusammenfaßt. Sein geistiger Quell — darin hat diese Rechtsidee einen tiefen wissenschaftlichen Sinn — liegt daher in dem Bewußtsein der Volksglieder in ihrer Gesamtheit. So kann es nur in die Erscheinung treten, indem diese es in ihrem Bewußtsein finden. Die Autorität aber, deren es bedarf, um in der Geltung Leben zu erlangen, kann ihm nur der geben, den die Gesamtheit als Träger der höchsten Rechtsmacht anerkennt. Die Rechtsfindung geht vom Volke aus, das Rechtsgebot vom Herrscher.[1] Lex consensu populi et constitutione regis fit, so sagen noch 864 die Capitula Pistensia. Gleichberechtigt, keiner unter dem Einfluß des Andern, wirken Volk und

---

[1] Kern, a. a. O. 148, 317ff., 313ff.

Herrscher in der Gesetzgebung zusammen. Aber der Herrscher hat das letzte, entscheidende Wort. Ist das etwas anderes als der Rechtsgehalt unserer heutigen konstitutionellen Regelung der Zuständigkeit zur Gesetzgebung? Und erklärt es nicht einfacher und wahrhaftiger die Einheit in dem Rechtsverhältnis von Krone und Volksvertretung, — rex est caput et finis parliamenti — als die „Unterordnung" des Parlaments unter den Monarchen als Träger der einheitlichen Staatsgewalt; jene Unterordnung, die tatsächlich nicht besteht, weder im Leben noch im Denken der politischen Wirklichkeit, die aber auch logisch nicht ausreicht zur Konstruktion der „Einheitlichkeit" von oben, so lange man sie nicht mit einer Ableitung der parlamentarischen Zuständigkeiten aus den monarchischen verbinden will.

Und nicht nur für das Zusammenwirken von Krone und Parlament in der Gesetzgebung paßt diese Erklärung aus der genossenschaftlichen Rechtsidee, sondern auch für alle seine anderen Zuständigkeiten. Denn wir wissen, daß in jener Idee mit der Einheit des Rechtsgedankens auch die des Staatsgedankens begründet war. Die Pflicht des Herrschers zur iustitia hat nicht nur die Wahrung des Rechts, sondern auch die des Interesses der Gesamtheit zum Gegenstand. Die iustitia enthielt als einheitliches öffentliches Staatsprinzip schon das, was später materiell als salus publica davon geschieden wurde. Daher heißt es schon früh von allgemeinen Einrichtungen, die der Monarch trifft, daß sie geschehen sollen „par très grand conseil et pour le commun pourfit".[1]

Das sind die institutionellen Grundgedanken, die heute noch die Bedeutung des Parlaments im deutschen Staate bestimmen. Sie sind nur Folgerungen aus der deutschen Rechtsidee: weil das Recht und das Gemeininteresse in der Persönlichkeit der Volksgenossen verwurzelt ist, muß die Volksgenossenschaft selbst ein Organ des Staates

---

[1] Kern, 320.

zur Findung des Rechts und des Gemeininteresses sein. Das allein ist das Grundlegende, das rein zutage tritt im germanischen Volksstaat und im älteren ständischen Staat, wo die Landstände die Landesgemeinde schlechthin bilden; das sich verschoben hatte, als im späteren ständischen Staat die Veränderung der sozialen Verhältnisse zwar den Gedanken des Vertretungscharakters der Landstände zur Geltung, aber nicht zur ausschließlichen Geltung — neben dem Gedanken privilegierten Eigenrechts — hatte gelangen lassen; und das dann endlich im konstitutionellen Staat in der, dem neueren sozialen Zustande entsprechenden, Form der absorbtiven Repräsentation[1] zur Reinheit des ursprünglichen Rechtsgedankens zurückgekehrt ist. Der institutionelle Grundgedanke der modernen deutschen Volksvertretung bedeutet nur eine Korrektur der rechtsgedanklichen Sinnwidrigkeit, die durch die politische Entartung des Ständewesens eingetreten war. Deshalb hatte einst Dahlmann nicht so unrecht, wenn er dem „Vertretungsstaat" den Anspruch gab, mit dem Vorredner des Sachsenspiegels von sich zu sagen:

Diz recht ne han ich selve nicht underdacht
iz haben von aldere an unsich gebracht
Unse guete vore varen.

Gegenüber jenem institutionellen Grundgedanken der Volksvertretung als des institutionellen Mittels zur Geltendmachung der in der Rechts- und Staatsidee begründeten staatlichen Organstellung des Volkes hat alle Ausgestaltung der Funktionen und Zuständigkeiten der Volksvertretung im einzelnen nur technischen Charakter. Auch diese Feststellung ist nötig. Denn die typischen Hauptfunktionen des Parlaments, wie sie bei uns gemäß dem konstitutionellen Dogma ausgebildet sind, sind nichts weniger als fein- oder tiefsinnige Folge-

---

[1] G. Jellinek, Allg. Staatslehre, Kap. 17.

rungen aus dem Wesen des modernen Staats. Nur dem Rationalismus des Naturrechts, aus dem jenes Dogma und, durch seine Vermittlung, unsere Staatslehre ihre Prinzipien geschöpft haben, verdanken wir es, daß sie in diesem Licht erscheinen. In Wirklichkeit sind sie nichts als die Erzeugnisse des gesunden staatsbürgerlichen Sinnes unserer Altvorderen. Das Naturrecht hat uns nur überliefert, z. T. unter Montesquieus Einfluß auf dem Umweg über England, was wir ebensogut der Überlieferung des positiven Staatsrechts (J. J. und Fr. C. v. Moser, Schlözer u. a.) hätten entnehmen können. Keine einzige der typischen Hauptfunktionen des Parlaments im konstitutionellen Staate ist für diesen ganz neu erfunden. Sie waren alle wohlausgebildet in der ständischen Verfassung, wo immer diese von gesundem öffentlichem Leben zur Blüte getrieben ist. Wo immer das aber der Fall war, ruhte die so funktionierende Institution ständischen Mitregierungsrechts auf der Tradition des alten deutschen consensus populi aus dem Genossenschaftsgedanken, auf der Auffassung des Rechts der Stände als einer Folge ihrer Pflicht gegenüber „Land und Leuten".

Nur die Nachwirkung des Genossenschaftsgedankens war es, die die schädlichen Folgen des über das Lehnwesen im Ständestaat entwickelten Dualismus hintanhielt, wie sie sofort eintrat mit der sozialen Entartung des Ständewesens, mit der völligen Verdrängung des genossenschaftlichen Rechtsgedankens durch den subjektivistischen Gedanken des sozialen, politischen und rechtlichen Besitzstandes. In dem Gegensatz dieser beiden Rechtsideen, der romanistischen des „suum", des „iustus titulus", und der germanistischen der Genossenschaft im Recht, liegt auch heute noch der Schlüssel zu der Frage, ob das durch das Parlament repräsentierte Recht des Volkes und das des Monarchen von Gottes Gnaden eine Einheit oder einen Dualismus bilden.

V.

Ob wir uns für die wissenschaftliche Erklärung des heutigen deutschen Staatstypus mit der konstruktiblen Formalidee der staatlichen Einheit begnügen wollen, oder die Auffindung eines materiellen Grundgedankens der staatlichen Organisation für nötig halten, in dem die Vorstellung von deren Einheitlichkeit einen materiellen Lebens- und Wertgehalt empfängt, ist nur Frage der Stellungnahme in der Rechtsanschauung. Es ist die Frage der Stellungnahme zwischen romanischer und germanischer Rechtsanschauung, gedanklich wie geschichtlich. Die formale Einheitsidee unserer Staatslehre entspricht nicht nur der römischen Idee des Imperiums, sie ist auch geschichtlich nur unter der Wirkung romanischer Einflüsse entstanden. Die genossenschaftliche Rechts- und Staatsidee ist germanischen Ursprungs und mit dem politischen Mündigwerden des deutschen Volkes in seiner Staatsbildung immer stärker wieder in ihrer ursprünglichen Eigenart hervorgetreten, die in einem Jahrtausend für das Staatsdenken zwar nie verloren, aber doch unter romanistischen Zutaten bis zur Unkenntlichkeit entstellt war.

„Ce n'est point à moi à examiner si les Anglois jouissent actuellement de cette liberté, où non. Il me suffit à dire qu'elle est établie par leurs loix et je n'en cherche pas davantage.“ So erklärt Montesquieu in seinem berühmten Kapitel über die bürgerliche Freiheit seinen Standpunkt gegenüber der englischen Verfassung. Von demselben Standpunkt aus haben wir hier die germanische Rechtsidee betrachtet. Es kommt nicht darauf an, ob sie zu irgendeiner bestimmten Zeit in irgendeinem deutschen Gemeinwesen in der Weise verwirklicht war, wie wir das unseren Erwägungen zugrunde gelegt haben, sondern nur darauf, daß sie im Staats- und Rechtsleben und dessen typischen Institutionen als leitendes Prinzip vorhanden war.

Diese Institutionen aber sind noch heute der Kern der Institutionen unserer deutschen Staatsordnung. Und wenn sie in deren wissenschaftlicher Darstellung in so ganz anderer Form erscheinen, so liegt das nur daran, daß die ganze Entwicklung sich vollzogen hat unter dem Einfluß einer geistigen Kraft, deren Schwergewicht auf formalem Gebiet lag, die daher ebenso befähigt und bestrebt war, sie unter dem Gesichtspunkt formeller Klarheit aus- und auch umzugestalten, als ihr die Initiative fehlte, ihren materiellen Gehalt wesentlich zu erneuern. Es war die Kraft romanistischer Denkschärfe, wie sie zuerst mit der Scholastik, später mit der Renaissance einsetzte.

Dieses Zusammenwirken romanischen und germanischen Geistes ist, wie wir im einzelnen zum Teil schon gesehen haben, bestimmend gewesen für die Entwicklung der grundlegenden institutionellen Gedanken unseres heutigen Staats. Im ganzen handelt es sich bei diesem allen um nicht mehr und nicht weniger als den Gegensatz und Ausgleich zwischen dem demokratischen und dem monarchischen Gedanken. Beide waren in der germanischen Rechtsidee noch völlig in organischer Einheit verwachsen. Der Genossenschaftsgedanke vereinte die Idee persönlichen Selbstbestimmungsrechts — institutionell den Gedanken subjektiven Freiheitsrechts im Staat — mit dem Prinzip des Vorranges des Gemeininteresses; er vereinte die Idee eines ursprünglichen, geheiligten Königsrechts mit der der Rechtsgebundenheit und Gemeindienlichkeit — institutionell der staatlichen Organschaft — der Monarchenstellung und der des eigenen politischen Rechts des Volkes, d. h. seiner

Teilnahme an der Bildung des Staatswillens mittels der Institution der Volksvertretung.

Schon im frühen Mittelalter hat das klassizistisch gebildete Denken der Kleriker zu einer schärferen Hervorhebung, damit aber auch zur Scheidung jener verschiedenen Elemente geführt. Dadurch war der Zersetzungsprozeß der deutschen Rechts- und Staatsauffassung eingeleitet, aus dem für ein Jahrtausend die, das ganze Denken vom Staat beherrschende, Antithese des demokratischen und des monarchischen Gedankens hervorging. In den Ländern mit stärker entwickeltem politischen Volksgeist, wie England und Ungarn, hat das Gleichgewicht der beiden Kräfte in allmählichem Ausgleich wieder die organische Verwachsung des so Getrennten zum Organismus der modernen konstitutionellen Monarchie herbeigeführt, in Deutschland hat dieses Gleichgewicht — wo nicht starre Stammesart es ausnahmsweise (Mecklenburg) bis heute erhalten hat — durch die Ungunst der politischen Verhältnisse früher oder später dem Kampfe weichen müssen, aus dem erst nach den mannigfaltigsten Wandlungen das heute bewußt angestrebte — aber wohl noch nicht völlig erreichte — Ziel des Ausgleichs dem Staatsleben und -denken gewonnen worden ist.

Die Schattenseiten der Vorzüge deutschen Rechts- und Staatsdenkens waren es, die die Logik romanischen Denkens, statt klärend, verwirrend wirken ließen. Von der klaren gedanklichen Trennung des demokratischen und des monarchischen Elements im deutschen Genossenschaftsgedanken hatte schon die Scholastik keinen anderen Ausweg zu dessen tatsächlicher, nicht zu verkennender, einigender Wirkung finden können als die konstruktive Hilfsidee des Vertrages nach dem Muster der lex regia. Diese Vertragstheorie mußte gedanklich aber nicht nur das antithetische der damit zu verbindenden Elemente nur noch stärker hervortreten lassen, sondern sie fand auch im deutschen rechtlichen und politischen Denken und in der Entwicklung des politischen Lebens einen nur zu günstigen Boden.

Im staatlichen Denken mußte die Vertragsidee verwurzeln mit der, die deutsche Rechtsauffassung durchdringenden, Idee der Treue.[1] Diese Idee, das typischste Element des germanischen Rechtsdenkens, vereinigte dessen höchsten Wert mit seinen größten Mängeln: wurzelnd in seinem Bedürfnisse nach tieferer sittlicher Verankerung, gab sie der Rechtsidee jenen für den deutschen Geist so charakteristischen Wesenszug eines gemütsbetonten sittlichen Gehalts, der, solange nur aus sich empfunden, rechtlich und staatlich fruchtbringend, sobald von außen scharf und nüchtern durchdacht, verwirrend und auflösend wirken mußte. So mußte unter dem Seziermesser der romanistischen juristischen Logik seine Seele entfliehen und allein die Muskulatur übrigbleiben, die dann allerdings nur noch die Idee der Gegenseitigkeit des synallagmatischen Vertrages, des „do ut des", sein konnte.

Im staatlichen Leben bot die Entwicklung des Feudalwesens, die allmählich mehr oder weniger das ganze Gemeinleben in — wirtschaftlich-zivilrechtlich fundierte — Vertragsverhältnisse auflöste[2], jener einseitig äußerlichen und formalen Auffassung der Rechtsidee den günstigsten Boden zur Entwicklung. Der sittliche Grundgedanke „getreuer Herr, getreuer Knecht", die Idee der Treue gegenüber dem Recht, war zwar nicht sofort verloren. Aber die ganz andere Geistesrichtung, die die vorwiegend von der privatwirtschaftlichen Stärke bestimmte Entwicklung des staatlichen Lebens erzeugen mußte, konnte nur dahin führen, daß, im Sinne zivilistischer Gegenseitigkeitsabwägung der Leistungen von Lehnsherren und -mannen, in der

---

[1] Über die institutionelle Bedeutung dieser Idee jetzt besonders Kern, 177ff., 389ff., 392ff; vgl. auch oben 21.

[2] Es kommt hier nur auf die Qualifikation der Institution, nicht auf den Grad der Ausdehnung ihrer Geltung an. Deshalb ist es für unsere Frage gleichgültig, ob das Feudalwesen jemals das Untertanenverhältnis und die obrigkeitliche Staatsgewalt ganz aufgelöst oder nur durchsetzt hat, wie Below, Der deutsche Staat des Mittelalters I, 1914, 231ff. will. (Dazu mein „Staatsrecht und Naturrecht" 41ff.)

staatlichen Pflicht der im Untertanenverbande dem Herrscher Gegenüberstehenden die Bedeutung des fidelis senior oder fidelis rex sich immer stärker zur Idee eines vertraglichen Vorbehalts entwickelte.[1] So war es gerade die Anwendung des fremden Geistesmaßstabs auf die deutsche Idee, die diese von der Einheit in den ausgesprochensten Dualismus zerfallen ließ.

Der Dualismus des Ständestaats war nur das Erbe des Feudalstaats. Und wieder war es nur der Einfluß romanistischen Denkens, der zur weiteren Zersetzung führte; der an die Stelle des balanzierenden mechanischen Ausgleichs des demokratischen und des monarchischen Gedankens den Kampf beider um das Übergewicht setzte. Das Mittel war wieder der aus der germanischen Rechtsidee mit romanischer Begriffskultur entnommene Vertragsgedanke, zu dem sich weitere aus demselben Prozeß entstandene Theorien gesellten: die der Herrscher- und der Volkssouveränität, die konstitutionelle Theorie und die Idee des angeborenen Freiheitsrechts. Diese an sich älteren Theorien haben alle — wie wir schon gesehen haben — ihren gedanklichen Kern der genossenschaftlichen Rechtsidee entnommen. Was in der Renaissance hinzukam, war nur die Vollendung des von der Scholastik eingeleiteten Prozesses: der Erhebung der alten gedanklichen Elemente zu logischer Selbständigkeit.

Die römischrechtliche Schulung der naturrechtlichen Staatslehre hatte diese Verselbständigung und Isolierung der einzelnen Prinzipien ermöglicht und zugleich damit sie einerseits bereitgestellt für den Dienst neuer Menschheitsideale, andererseits aber auch sie gedanklich ausgehöhlt. So erwuchs ihnen aus der Formalisierung durch romanisches Denken zugleich jener propagandistische romanische „Élan“, der ihre weltgeschichtliche Bedeutung — auch gegenüber der deutschen Staatsentwicklung — begründete, und die Unfruchtbarkeit zur inneren

[1] Dazu auch Kern, 389ff.

Nutzbarmachung und Weiterentwicklung des ursprünglichen deutschen Gedankengehaltes. So mußte mit der immer stärkeren Abstrahierung des Vertragsgedankens, der bei den Monarchomachen und noch bei Althusius nur die juristische Konstruktion des Prinzips des Ständestaats an der Hand der Formalien des Regierungsantritts bedeutete, der in der deutschen Tradition als Wirkung der genossenschaftlichen Idee stets noch fortwirkende Gedanke des materiellen Ausgleichs zwischen dem monarchischen und demokratischen Element immer mehr dem der formellen Antithese beider — Volks- und Herrschersouveränität — weichen.

Die Entartung des Ständewesens mußte diese Entwicklung fördern, insofern sie gerade den schärfer beobachtenden Theoretikern die ständische Verfassung als monarchia per aristocratiam temperata erscheinen ließ, in der das demokratische Element nicht zur gebührenden Geltung kam. Dies aber war es gerade, was mit der Reformation in dem Gedanken des Selbstbestimmungsrechts des Individuums das bewegende Element der neuen Epoche bildete.[1] Es stand von Anfang an, durch die Belebung der klassischen Vorstellung von der Einheit der Staatsgewalt in der Renaissance, im Gegensatz zur monarchischen Idee, in der politisch jene Vorstellung in Italien (Medici, Machiavell) zuerst wieder in die Erscheinung getreten war.

Das deutsche politische Leben und Denken war aus sich, infolge seiner Zerfahrenheit, nicht mehr imstande, festen Anschluß an die alte Rechtsidee zu finden. Stand doch die katholische Rechtslehre ganz unter dem Einfluß der weiterentwickelten scholastischen Formalistik, die die Ideen der Volks- und der Herrschersouveränität in majorem ecclesiae gloriam gegeneinander auszuspielen ermöglichte. Und dem deutschen Protestantismus versperrte seine unklare recht-

---

[1] Wenn dieser Gedanke auch zunächst ganz in der aristokratischen Färbung des Kalvinismus in der politischen Theorie (Hotmann, Mornay) auftrat.

liche und politische Orientierung den an sich gegebenen Weg zum genossenschaftlichen Rechts- und Staatsgedanken, den der Schweizer Protestantismus mit Sicherheit ging. Denn zwar wollte er die alte deutsche sittliche Bewertung des Rechts- und Staatsgedankens bestehen lassen, jedoch ihm gegenüber der landesherrlichen in anderer Weise als gegenüber der Reichsgewalt und wieder anders gegenüber den inferiores magistratus Geltung zugestehen. So waren es die Mängel des deutschen politischen Lebens und Denkens, die dem Formalismus der Antithese des monarchischen und demokratischen Elements den Weg freigab.

Und doch ging die Überwindung der alten einheitlichen Staatsauffassung aus der germanischen Rechtsidee so langsam vor sich, daß an ihre Nachwirkungen unmittelbar die Entwicklung des modernen Staatsgedankens anknüpft. Wenn in der Renaissance nicht die völlig einheitliche Staatsidee des klassischen Altertums wiedergeboren wurde, so lag das daran, daß dem modernen Staatsgedanken von vorneherein die, jener fremde, Vorstellung einer ursprünglichen, nicht vom Staate abgeleiteten, rechtlichen Freiheitssphäre des Individuums innewohnte. Diese Vorstellung aber ist vom Geiste humanistischer Menschheitswertung und dem protestantischen Gedanken der sittlichen Autonomie des Individuums getragen worden. Rechtsgedanklich entwickelt hat sie sich unmittelbar aus der germanischen Rechtsidee, dem „alt frei frenckisch Recht", das den Humanisten und Reformatoren in und mit „Gottes der Natur Recht" im Bewußtsein geblieben war[1] als Grundlage ihres Sozial- und Rechtsideals freien Persönlichkeits- und menschheitlichen Entwicklungsrechts. Ausgelöst und institutionell ausgebildet worden ist diese Entwicklung unter dem Einwirken der politischen Strebung des Protestantismus nach Gewissensfreiheit.

[1] C. Brinkmann, Freiheit und Staatlichkeit in der älteren deutschen Verfassung 1912, 50.

Das Freiheitsstreben der Niederlande hat 1581 — hier knüpfen wir an frühere Betrachtungen an — die germanische Rechtsidee von dem objektiven Recht als zugleich subjektiver Persönlichkeitseigenschaft der Einzelnen hervorgeholt und den naturrechtlichen Freiheitsgedanken der Monarchomachen institutionell auf den Boden jener Rechtsidee gestellt, deren Nachklänge die ganze Lehre dieser durchzogen: die Absagungsakte hat die „angeborene Freiheit" in die Erscheinung treten lassen als Teil der „Rechte, Privilegien, alten Herkommens und Freiheiten", also als Element der Fürst und Volk umschließenden Rechtsordnung, der „Gerechtigkeit", in der Marnix, der Gesinnungsgenosse der Monarchomachen, im Liede den Oranier Gott gehorchen ließ nach dem alten sittlichen Prinzip der germanischen Rechtsidee: si oboediendum est Deo, diligenda est iustitia.

Die dynamische Idee der „angeborenen Freiheit" ist — das hat schon Heinrich Heine in klassischer Weise hervorgehoben[1] — die

[1] Nicht Georg Jellinek, sondern Heinrich Heine ist der Schöpfer der These von dem „religiösen Ursprung" der Idee unveräußerlicher Freiheitsrechte, deren unglücklich einseitige Zuspitzung jenem so viele Angriffe zuziehen mußte. Mit der Sicherheit der Intuition hebt Heine hervor, daß alle früheren verfassungs rechtlichen Bestrebungen „kein Streben nach Freiheit, sondern nach Freiheiten, kein Kampf um Rechte, sondern um Gerechtsame" waren. „Erst zur Zeit der Reformation wurde der Kampf von allgemeiner und geistiger Art, und die Freiheit wurde verlangt, nicht als ein hergebrachtes, sondern ein ursprüngliches, nicht als ein erworbenes, sondern als ein angeborenes Recht. Da wurden nicht mehr alte Pergamente, sondern Prinzipien vorgebracht; und der Bauer in Deutschland und der Puritaner in England beriefen sich auf das Evangelium ..." (Englische Fragmente 11). Die Wendung war tatsächlich genau diese, nicht erst in den Staatstheorien der englischen Sekten, sondern lange vorher im Freiheitskampf der Niederlande. Noch 1579 beriefen sich die niederländischen Staatsmänner in Cöln auf die Joyeuse Entrée von Brabant. In der Absagungsakte von 1581 ist davon schon nicht mehr die Rede. Zwar arbeitet deren Beweisführung noch ganz mit den Institutionen des alten positiven Rechts, aber der Geist, der in sie hineingelegt ist, ist völlig der der kalvinistischen Monarchomachen. (Näheres siehe mein Staatsrecht und Naturrecht 279ff.) Das ideell belebende Moment ist das religiöse Freiheitsstreben — das ist der richtige Kern in der Lehre Jellineks — wenn auch die rechtsinstitutionellen Gedanken, wie ich annehme (a. a. O. 297ff., 373ff.),

Freiheitstendenz des Protestantismus, entnommen der Formulierung der kalvinistischen Monarchomachen.[1] Die institutionelle Idee ist die des genossenschaftlichen Rechtsgedankens; die Beeinflussung durch die naturrechtliche Tradition ist hierin auf ganz Unwesentliches beschränkt. In der Entwicklung der Idee des Freiheitsrechtes wird sie allmählich stärker und mit ihr dann der in dem romanistischen Formal- und Universaldenken wurzelnde Rationalismus.

Ausgehend von der germanischen Vorstellung des birthright und des inherited freedom machte 1631 Roger Williams, die Freiheit religiöser Betätigung sich zu sichern, in Rhode-Island die Aufstellung unveräußerlicher Menschenrechte zur Grundlage einer neuen staatlichen Ordnung. Damit stellte er die Idee des subjektiven Freiheitsrechtes außerhalb des genossenschaftlichen Rechtsgedankens auf den universellen Rationalismus der romanisch-formalistischen naturrechtlichen Gedankengänge. Aber doch nur mit einem Fuß, und zwar — um eine anschauliche technische Bezeichnung der bildenden Kunst zu gebrauchen — mit dem Spielbein, das das belebende Moment zum Ausdruck bringt. Mit dem andern Fuß, dem Standbein, in dem das stabilisierende Moment des Bestandes liegt, standen die unveräußerlichen Menschenrechte noch ganz in der genossenschaftlichen Rechtsidee des volklichen birthright. Genau so war es mit den „natural rights" der Leveller der 40er Jahre und später der Lehre Lockes und Jurieus. Und so ist es in dem nordamerikanischen Kulturgebiet des, in der germanischen Rechtsidee wurzelnden, angelsächsischen Rechtes stets geblieben. So war es 1670 in der Lehre William Penns, so ein Jahrhundert später in den Auffassungen der geistigen Führer der

---

dem deutschen Rechts- und Staatsleben und -denken entstammen, und die staatstheoretische Grundidee, wie neuerdings besonders wieder von Richard Schmidt (Die Vorgeschichte der geschriebenen Verfassungen 1916) stark betont worden ist, wohl vorbereitet war in der Staatslehre des Mittelalters.

[1] Besonders wohl des bis 1582 in den Niederlanden politisch tätigen Mornay.

amerikanischen Unabhängigkeitsbewegung unter Otis' Leitung: die „natural, inherent and perpetual rights" waren stets nur — wenn auch naturrechtlich-universell verbrämt — ausdrücklich die aus dem „großen Freibrief", dem „alten sächsischen Recht" dem englischen Volksgenossen anhaftende rechtliche Persönlichkeitseigenschaft. So wurzeln schließlich die ganzen nordamerikanischen „Erklärungen der Menschen- und Bürgerrechte" mit dem gesamten Denken der Unabhängigkeitsbewegung in der alten germanischen Rechtsidee, und nur eine bestätigende Folge dieser Tatsache ist es, daß die Unabhängigkeitserklärung von 1774 selbst fast wie eine Kopie der niederländischen Absagungsakte von 1581 anmutet.

Die Entwicklung der für den modernen Staat so wesentlichen Idee des ursprünglichen Selbstbestimmungsrechtes der Persönlichkeit, der institutionellen Idee des Freiheitsrechtes, hat bis zum Ende des 18. Jahrhunderts den Boden des genossenschaftlichen Rechtsgedankens nie ganz verlassen, auf dem die Antithese des monarchischen und des demokratischen Gedankens sich nie bis zum äußersten vollenden konnte. Diese Vollendung ist erst eingetreten, als die institutionelle Idee der Freiheitsrechte vom Spiel des politischen Lebens über den Ozean zurückgeführt wurde und in Frankreich auf dem Boden lateinisch formalen Denkens in den scharfen Widerstreit geriet zwischen dem romanistischen Imperiumgedanken des absoluten Königtums (Herrschersouveränität, Gottesgnadentum in theokratischem Sinne) und der von Rousseau soeben zur letzten Konsequenz entwickelten Volkssouveränität. Hier erst wurde der Gedanke eingespannt in die rein formale, rationalistische Vertragstheorie, und zwar — das ist höchst interessant — ganz im dualistischen Sinne der alten, schon von der Scholastik eingeführten, romanistischen Begriffstrennung von Gewaltträger und Gewaltunterworfenen, nicht im Sinne Rousseaus. Denn das System des dem Boden kalvinistischer und germanischer Staatstradition entstammten Philosophen war an sich im tiefsten Grunde das des Genossenschaftsgedankens: die den Staatsgedanken enthaltende Rechtsidee ist die, „d'assurer les biens, la vie et la liberté“ — das ist der Inhalt des birthright — „de chaque membre par la protection de tous“, „tous ont engagé leurs biens et leurs vies à la défence de chacun d'eux“. Ein solcher Staatsgedanke hatte für antithetisch zur Staatsgewalt stehende, einseitig subjektiv gedachte Freiheitsrechte ebensowenig Raum wie der Genossenschaftsgedanke. Daß trotz des umfassenden geistigen Einflusses Rousseaus in der Ideenwelt der französischen Revolution jene Auffassung nicht geeignet war, den Dualismus in der Konzeption der Freiheitsrechte zu überwinden, lag nur an der festen Einwurzelung der romanistischen Begriffstrennung. Auch Rousseau hatte in echt romanischem Formalismus nicht davon loskommen können: er hatte nicht den Weg zur vollen Breite und Tiefe des Genossenschaftsgedankens zurückfinden können, dem materiell das rechtliche Gemeininteresse und das Genosseninteresse eins im andern war; sondern er konnte das Gemeininteresse und Gemeinschaftsrecht nur formell konstruieren aus der dualistischen Übertragung vom Einzelnen an die Gesamtheit: „l'aliénation totale de chaque associé avec tous ses droits à toute la communauté.“ Seine Konzeption der staatlichen Einheit war keine materielle, sondern nur eine formale. Deshalb konnte sie der, den politischen Bedürfnissen entsprechenden, Ausbildung der Antithese der staatlichen Souveränität und des subjektiven Freiheitsrechts, des (theokratisch) monarchischen und des demokratischen Gedankens, keinen Widerstand bieten.

Die in den „grands principes de 1789“ verwirklichte Abstraktion der Idee des Freiheitsrechts und seiner Subjektivität hat erst den institutionellen Gedanken des subjektiven Bürgerrechts zu jenem gewaltigen Leitmotiv gestaltet, das die Entwicklung des modernen Staates, wie überall so auch in Deutschland, bestimmt hat. Romanischer Formensinn und die propagandistische Kraft romanischer Verve haben der Entwicklung auch des deutschen Staates zu dem,

dem Persönlichkeitsgedanken der Moderne gerecht werdenden, konstitutionellen Schema die Richtung gewiesen. Die, dem deutschen Wesen fremde, rückhaltlose Wertung der Form — und der programmatischen Rethorik — hat uns damit aber auch einen wichtigen letzten Zusammenhang mit den Institutionen der deutschen Rechtsidee verlieren lassen. Sie hat uns statt der inneren Einheit, die dem deutschen Staatsempfinden gemäß ist, jenen Dualismus überliefert, den der Zerfall unseres staatlichen Lebens im Mittelalter gezeitigt und romanistische Einflüsse zum Prinzip erhoben haben.

Jener Dualismus der beiden Gedanken der Staatsgewalt und einer Freiheitssphäre eigenberechtigter Persönlichkeit ist aber nur eine Seite des allgemeinen, grundlegenden Dualismus zwischen dem monarchischen und dem demokratischen Gedanken. Dessen andere Seite fanden wir in der Beurteilung der Institution des Königtums selbst und damit auch des Verhältnisses zwischen diesem und der Volksvertretung unter dem Gegensatz der Auffassungen der Herrscher- und der Volkssouveränität. Erst mit dem Höhepunkt der rationalistischen Systematik des Naturrechts in der französischen Revolution hat dieser Gegensatz die größte Schärfe der Zuspitzung erreicht, die, von der deutschen liberalen Staatstheorie übernommen, so außerordentlich die Vereinigung der rechtspolitischen Idee des Konstitutionalismus mit der historisch-positivrechtlichen des Monarchismus erschwert haben. Diese Zusammenhänge sind für die Gesamtbeurteilung von der größten Bedeutung.

Im 18. Jahrhundert lag das Problem einer rechtinstitutionellen Ausschaltung der offenbaren Schäden der Praxis der Herrschersouveränität, der polizeistaatlichen absoluten Monarchie, in der Luft und gewann mit dem Wachsen der Geistesströmung der Aufklärung an psychologischer Intensität. Die naturrechtliche Staatslehre suchte die Lösung in verschiedenster Weise. Wie immer aber ihre Stellungnahme zur Frage einer verfassungsmäßigen Bindung der monarchischen Macht, im allgemeinen und im besonderen an die Mitwirkung der Volksvertretung, war, kaum je löste sich ihr die Idee formeller Antithese von Herrscher- und Volksrecht völlig von derjenigen ihres materiellen Ausgleichs, mit andern Worten, von dem Staatsgedanken des ständischen Staats. Denn die kontraabsolutistische naturrechtliche Staatslehre, insbesondere in Deutschland, arbeitete bis spät ins 18. Jahrhundert durchaus noch mit institutionellen Gedanken, die in weitem Maße, und zwar besonders hinsichtlich der Auffassung der Volksvertretung, dem älteren positiven Recht, dem der ständischen Verfassung, entnommen waren, keineswegs aber ausschließlich den Rationalisierungen naturrechtlicher Dogmen. Das änderte sich erst mit deren letzter Folgeziehung, wie sie durch Rousseau geschah: die Souveränität der volonté générale machte einen materiellen Ausgleich des monarchischen mit dem demokratischen Gedanken undenkbar, da sie nur letzteren anerkannte; die Ausschaltung des Herrschaftsvertrages ist — wie bereits erwähnt — nur Folgeziehung und Ausdruck davon. Diese mit der Schärfe romanistischen Formaldenkens gezogene äußerste Konsequenz des demokratischen Gedankens hat durch Vermittlung der französischen Revolution von da ab das auf Beseitigung des monarchischen Absolutismus gerichtete öffentliche Denken beherrscht. Und doch war sie von vornherein zu materiellem Wirken auf dem Boden des historisch gegebenen Staatslebens zum mindestens aller Monarchien ungeeignet. Schon ihr Wirken in der französischen Revolution war nur ein formales.

Mit zwingender Gründlichkeit hat Redslob in überzeugender Weise dargetan[1], daß die Nationalversammlung von 1789 bei ihrer Verfassungsarbeit zwar ganz im Banne des Genfer Philosophen gestanden hat, daß aber Inhalt und Ergebnis dieser Arbeit nur durch empirische Beobachtung bestimmt waren: „Das Parlament, der König

[1] R. Redslob, Die Staatstheorien der französischen Nationalversammlung von 1789, 1912, 364ff.

geben Gesetze, der König regiert, und die Richter urteilen, weil sie Elemente eines Staatssystems bilden, das aufrechterhalten wird durch die physische Macht einer Mehrheit von Bürgern.“ Der Wegweiser aber zu solcher empirischer Beobachtung und zur Methode ihrer Verwertung war, das hat Redslob ebenfalls nachgewiesen, Montesquieu. Nur die Ideale und ihre programmatischen Formeln stammen von Rousseau, die institutionellen Gedanken von Montesquieu. Diese aber sind das rechtlich und politisch Wesentliche.

Die Vorstellung Montesquieus von der Bedeutung der Volksvertretung, die auf die institutionellen Gedanken der französischen Revolution gewirkt hat, ist einfach die Ausgleichsidee des ständischen Staates, die in jenem als verdorrter Rest des Genossenschaftsgedankens noch den Dualismus durchdrang. Ist doch die ganze Gewaltenteilungslehre, richtiger Gewaltenhemmungslehre, Montesquieus nur ein Ausbau des älteren Dualismus des ständischen Staats, wie er denn selbst die gesetzgebende und die ausübende Gewalt, also die des Königs und die des Parlaments, als die allein wesentlichen bezeichnete.[1] Deshalb erschien ihm auch sein Staatsgedanke nirgends so gut verwirklicht als in dem gouvernement gothique, dem ständischen Staatssystem, mit seinen Freiheitsbriefen usw.[2], obwohl er es nur als einen institutionellen Ersatz für das Prinzip des Ausgleichs der Gewalten bewertete.[3] Und er war sich völlig klar, daß eine durch die Mitwirkung der Volksvertretung bestimmte, besondere gesetzgebende Gewalt nichts anderes war als der deutsche Gedanke der Rechts-

[1] De l'esprit des Loix L. XI, Chap. VI (Oeuvres, Nouv. Ed. 1758, I, 213): Des trois puissances dont nous avons parlé, celle de juger est, en quelque façon, nulle. Il n'en reste que deux.

[2] a. a. O., L. XI, Chap. VII (223f.): La coutume vint d'accorder des lettres d'affranchissement; bientôt la liberté civile du peuple, les prérogatives de la noblesse & du clergé, la puissance des rois se trouvèrent dans un tel concert, que je ne crois pas qu'il y ait eu sur la terre de gouvernement si bien tempéré que le fut celui de chaque partie de l'Europe dans le temps qu'il y subsista.

[3] L. XI, Chap. VII mit Chap. VIII (222f.).

findung durch das Volk[1], von der wir wissen, daß er nur eine Folgerung aus der alten deutschen Rechtsidee überhaupt ist. Seine Methode war mehr als Empirie, sie war im besten Sinne historisch. Was er der englischen Verfassung entnahm — oder in sie hineinlegte — waren die aus deutschem Rechts- und Staatsdenken entwickelten gesunden Grundgedanken des älteren Staatslebens[2]; wie er denn ausdrücklich den Ursprung des englischen Verfassungssystems in das alte deutsche Staats- und Rechtsdenken verlegt hat.[3] Die wertvollen institutionellen Gedanken des älteren Staatsrechts hatte Montesquieu für die Bildung einer neuen, den geänderten Verhältnissen angepaßten, Staatsordnung nutzbar machen wollen, denn: c'étoit un bon gouvernement, qui avait en soi la capacité de devenir meilleur. Durch sein Wirken auf die Verfassungsarbeit von 1789, wie es Redslob aufgezeigt hat, ist dieser Wille verwirklicht worden. Aber doch nur zum Teil. Denn die Ideenform, unter deren Banner er verwirklicht wurde, war gerade diejenige, die von dem Gegenpol seiner historischen Auffassung, dem rationalistischen Konstruieren des Naturrechts, herkommend, eine bewußte und folgerichtige Weiterentwicklung seiner

---

[1] L. XI, Chap. VIII (223): Les nations germaniques, qui conquirent l'empire romain, étaient, comme l'on sçâit, très libres. On n'a qu'à voir la dessus Tacite sur les moeurs des Germains. Les conquérans se répandirent dans le pays; ils habitoient les campagnes, & peu les villes. Quand ils étoient en Germanie, toute la nation pouvait s'assembler. Lorsqu'ils furent dispersés dans la conquête, ils ne le purent plus. Il falloit pourtant que la nation déliberât sur ses affaires, comme elle avoit fait avant la conquête: elle le fit par des représentans. Voila l'origine du gouvernement gothique parmi nous.

[2] Die von E. Heymann gelegentlich der Besprechung meines „Staatsrecht und Naturrecht“ in der Savigny-Zeitschrift (German. Abt. XXXVII, 569) angeschnittene allgemeine Frage eines wirklichen organischen Zusammenhanges der Gewaltenteilungslehre zu untersuchen, ist hier nicht der Platz, obwohl das Ergebnis solcher Untersuchung für den allgemeinen Gedanken dieser Studie von großer Bedeutung sein kann.

[3] a. a. O., Liv. XI, Chap. VI (221): Si l'on veut lire l'admirable ouvrage de Tacite sur les moeurs des Germains, on verra que c'est d'eux que les Anglois ont tiré l'idée de leur gouvernement politique.

Ideen und damit deren Weiterwirken unmöglich machte. Es war die Lehre vom Gemeinwillen, die in ihrer Überbildung des demokratischen Gedankens dessen von Montesquieu gedachten Ausgleich mit dem monarchischen Gedanken logisch ausschloß. Für die Beeinflussung des allgemeinen politischen Denkens aber mußte diese Form, die als das Programm auftrat, viel wichtiger sein, als der materielle Gehalt institutioneller Gedanken, der sich dahinter barg. So bedeutet auch hier — wie für die Freiheitsrechte — das Werk von 1789 nach rückwärts nur die materielle Neubelebung und Umgestaltung älterer staatlicher Institutionen, nach vorwärts aber die Aufstellung neuer Formalideen, die aus dem Zusammenhang mit der geschichtlich-rechtsgedanklichen Grundlage jener älteren Institutionen völlig losgelöst waren.

Die Antithese zwischen dem demokratischen und dem monarchischen Gedanken in der Auffassung der Volksvertretung ist für das politische Denken jenes Elements des Ausgleichs, das bis dahin immer noch in der Nachwirkung der alten Idee der Genossenschaftlichkeit vorhanden gewesen war, erst dadurch endgültig verlustig gegangen, daß die französische Revolution in ihren Programmideen, trotz ihrer materiellen Anlehnung an die historischen germanischen Elemente des Staatslebens, formell gänzlich den Begriffsisolierungen romanistischen Denkens folgte. Dadurch ist erst recht der unglückselige Antagonismus zwischem dem monarchischen und dem demokratischen Gedanken ausgelöst worden, der das deutsche Staatsleben und -denken bis zur Mitte des 19. Jahrhunderts so gar nicht zur Ruhe und zu fruchtbarer Fortschrittsarbeit gelangen ließ, da die ewige Angst der beiden Prinzipien voreinander alles Denken bannte. So hat auch in dieser Materie die propagandistische Kraft romanistischer Formenprägung zwar zur Überwindung der Schäden des Bestehenden führen können, indem sie seiner Entartung ein scharf umrissenes Gerechtigkeitsideal entgegenstellte; aber die Auffindung unmittelbar materieller Gedanken zu neuem Aufbau aus dem Niedergerissenen hat sie nur gehemmt.

Und doch ist aus der dualistischen Ideenwelt der formalistisch-naturrechtlichen Begriffe schließlich jenes System der modernen deutschen konstitutionellen Monarchie erwachsen, in dem, wenn auch nicht in seiner wissenschaftlichen Ausdrucksform, so doch in seinem Lebensgehalt, die Einrichtungen des Königtums und der Volksvertretung als institutionelle Ausflüsse eines einheitlichen Rechts- und Staatsgedankens erscheinen. Ist das nicht ein Beweis dafür, daß der unter romanistischem Einfluß entstandene Formalismus der politischen Theorien durchaus nicht so unfruchtbar war, wie wir annahmen? Mit nichten, denn es ist nur die Folge davon, daß jener die materiellen deutschen Gedanken immer noch nicht völlig restlos verdrängt hatte, sondern immer noch in ihrer Nachwirkung die Möglichkeit einer Neuverwurzelung der politischen Theorie im Boden deutschen Staatslebens und -denkens belassen hatte.

Das besondere Problem des deutschen Konstitutionalismus lag in der historischen und im volklichen Denken psychologisch gesicherten Rechtsmacht des Monarchen. Sie war zu stark und zu offenbar, als daß alle logische Sicherheit der Volkssouveränitätsidee sie rechtsgedanklich aus dem Wege räumen konnte. Das alte Problem des Dualismus mußte daher aller formalen Theorie zum Trotz wieder auftauchen. Die politische Idee des „monarchischen Prinzips“ stellte das Problem in das hellste Licht, mußte aber zugleich zum Ausweg führen. Sie zeigte, daß das Schwergewicht des Problems in dem institutionellen Verhältnis von Krone und Volksvertretung lag. Für dieses Verhältnis aber hatte die liberal-konstitutionelle Theorie ihr Rezept in der Gewaltenhemmungslehre Montesquieus, die, wie wir sahen, nur ein Ausbau des dualistischen Ausgleichsgedankens des älteren Staats ist, entnommen dem Vorbild des englischen Staatsrechts. An diesen Rest deutschen Rechts- und Staatsdenkens mußte der Versuch einer Versöhnung des tatsächlich vorhandenen deutschen monarchischen Gedankens mit den demokratischen Forderungen des Konstitutionalismus anknüpfen. Die liberale Theorie selbst fand die Anknüpfung nicht, im Gegenteil kehrte sie vielfach zur schärfsten Ausprägung des antithetischen Moments in dem Dualismus Krone — Volksvertretung zurück. Wohl aber setzte in jenem entscheidenden Punkte der Mann ein, dessen Lehre in Preußen den Konstitutionalismus zu einer politisch gedanklichen Möglichkeit gemacht hat, Fr. J. Stahl. Er erreichte das nur, indem er die geschichtliche und unnachahmliche Besonderheit der englischen Verfassung nachwies. Er wollte damit nicht den Konstitutionalismus fördern, sondern hemmen; nicht Montesquieus Gedanken fortbilden, sondern korrigieren. Das ändert nichts an der Tatsache, daß er durch die psychologische Wirkungskraft der auf der alten deutschen Rechtsidee gegründeten Montesquieuschen Ausgleichsidee gezwungen war, den Weg einzuschlagen, den er eingeschlagen hat; so aber auch zu dem Ziele zu gelangen, zu dem er gelangte: zur Ausgleichsidee des ständischen Staatsrechts. Sein Programm einer „ständischen Verfassung unter monarchischem Prinzip", das psychologisch-politisch dem preußischen Konstitutionalismus ein so ungeheuer wichtiger Geburtshelfer war, ist nicht nur inhaltlich schon ein Rückgriff unmittelbar auf die Ausgleichsidee des ständischen Staates und darin unmittelbar auf den Genossenschaftsgedanken, dessen Verkümmerung jene Idee darstellt. Sondern es ist vielmehr geschichtlich nur durch das Wirken der alten deutschen Rechtsidee entstanden, denn es ist nur zustande gekommen, weil die auf diesen Gedanken und seine Nachwirkung im englischen Staatsrecht gestützte Lehre Montesquieus kraft ihrer inneren politischen Überzeugungsstärke schließlich zu einem Zurückgreifen auf die deutschen Rechts- und Staatstraditionen zwang. So ist es nur die letzte Nachwirkung der deutschen Rechtsidee gewesen, die die Tür offen gehalten hat, durch die die in romanistischem Formalismus isolierten politischen

Vorstellungen von Königsrecht und (repräsentiertem) Volksrecht sich wieder zusammenfinden konnten, um in der konstitutionellen Verfassung den alten Bund zu erneuern.

Mit dieser Nachwirkung aber ist die Kraft sicherer Tradition deutscher Rechtsformen für die Gestaltung der modernen konstitutionellen Verfassung erschöpft. Der materielle Gehalt, den diese birgt, ist freilich, wie wir fanden, seinem innersten Kern nach der der alten deutschen Rechtsidee. Alle die darin liegenden rechts- und staatsideellen Werte durch die Jahrhunderte mit und gegenüber allen Wandlungen des Geisteslebens erhalten zu haben, ist das unermeßliche Verdienst des Naturrechts. Dem Naturrecht danken wir es damit auch, daß die einzelnen Momente der deutschen Rechtsidee eine starke formale Klärung erfahren haben, die wir nicht mehr missen können. Aber diese Klärung ist nur durch die Einschaltung römischrechtlicher Denkschulung erreicht worden. Deshalb verdanken wir es dem Naturrecht auch, daß uns die deutsche Rechtsidee in einer Zergliederung überkommen ist, die ihre organische Einheit völlig dem Blick entzogen hat. Das ist der heutige Zustand. Aus seinem geschichtlichen Charakter ergibt sich sein Problem: die Findung deutscher Geistesformen für die in der deutschen Rechts- und Staatsgestaltung lebenden, aus dem Zusammenwirken germanischer Tiefe und romanischer Klarheit gewordenen Geisteskräfte.

In diesen Tagen, in denen das Wesen deutschen Geistes so vielfacher Verkennung — nicht nur durch seine Verleumder — ausgesetzt ist, klingt zu uns von dem „durch und durch germanischen Rechtsboden“ der Schweiz ein wissenschaftliches Bekenntnis zur deutschen Rechtsidee, das, ohne unmittelbar den Gegenstand unserer Betrachtung zu berühren, uns zu dem Problem vielerlei Beherzigenswertes zu sagen hat.[1] Die Tiefe der Verwurzelung, die Mannigfaltigkeit der

[1] In einer gedankenreichen, feinsinnigen Studie über den Gesamtsarbeitsvertrag hat Roman Boos (Der Gesamtarbeitsvertrag nach Schweizerischem Recht.

Verflochtenheit der deutschen Rechtsidee stellt der Schweizer Boos dar im Bilde des gotischen Doms, dessen Pfeiler mit all' ihren Rippen und Ausbuchtungen im Spitzbogen aus sich heraus unmittelbar über sich hinaus zum Ganzen verwachsen. Ihnen fehlt der formale Eigenbestand der romanischen Säule. Sie bedürfen daher aber auch nicht der künstlichen konstruktiven Vermittlung des Rundbogens der „Vermittlerbegriffe".[1] „Indem der germanische Geist die Vermittlerbegriffe verschmäht, lebt er in der unmittelbaren Einheit von Ideal und Wirklichkeit." Solches Geistesleben ist aber nur möglich, wenn dem Ideal stets das Leben aus der Wirklichkeit zuströmt. Deshalb war eben in der Verwachsenheit der gotischen Formen

1916.) mit überraschender Deutlichkeit dargetan, daß die Frage der Wiedergewinnung deutscher Geistesformen aus der deutschen Rechtsidee überhaupt ein Zentralproblem des modernen Rechts- und Soziallebens bildet. Auf dieses Problem als Gesamterscheinung irgendwie einzugehen, ist natürlich hier nicht möglich, ohne daß die gewaltige Breite der Perspektiven, die es eröffnet, uns weit über den Rahmen unserer Betrachtung hinausführte. Wir müssen uns daher begnügen mit dem Bekenntnis zu dem Urteil, daß dieses Problem als Gesamterscheinung vorhanden ist, und dem Hinweis, daß die Begründung dieses Urteils, die der Schweizer Gelehrte in so geschicktem Zusammenhang mit der Entwicklung des sozialen Geschehens und Denkens formuliert hat, rechtsgedanklich in nuce längst gegeben ist in dem Lebenswerk Ottos von Gierke. — Aber ganz abgesehen von der Beurteilung jener entwicklungsgeschichtlichen Gesamterscheinung ist die konkrete rechtsgedankliche Entwicklungsgeschichte des Arbeitsrechts, wie sie Boos aufgedeckt hat, für unsere Fragen von größter Bedeutung. Denn die rechtliche Ordnung des Arbeitswesens ist, wie ich selbst schon früher dargetan habe (Annalen des deutschen Reichs 1915, 57ff.), stets organisch verbunden mit der Ordnung des Staats- und Soziallebens überhaupt. So ist ihre Entwicklungsgeschichte nur ein Spiegelbild der Entwicklung jener. Deshalb ist es von unmittelbar ergänzender Bedeutung für die in unserer Betrachtung gewonnenen Urteile, daß Boos für die Entwicklungsgeschichte des Arbeitsrechts durchaus die gleichen Erscheinungen in dem Werden und Wirken der inneren Rechtsgedanken feststellen kann, wie sie sich uns in der Geschichte der verfassungsrechtlichen Institutionen gezeigt haben. Die Übereinstimmung ist so restlos vollständig, daß es ebenso unmöglich wie unnötig ist, alle Einzelheiten hier anzuführen. (Boos, a. a. O., 133—164.)

[1] So wären in unserer Frage der Genossenschaftsgedanke der der gotischen Architektur, die formellen Antithesen monarchischer und demokratischer Gedanken römische Säulen, der Vertragsgedanke der Rundbogen.

ihre Erstarrung bedingt. Das ist vielleicht jene „Erlösungsbedürftigkeit“ des deutschen Geistes, von der E. v. Wildenbruch sprach. Im Rechtsleben sollte das römische Recht „mit seinen schneidend scharfen Vermittlerbegriffen“ die Erlösung bringen: in der Renaissance und in der französischen Revolution. Aber es brachte sie nicht und konnte sie nicht bringen. Für den deutschen Geist hatte es keine Formen. So zerlegte es ihn in Formeln. Erst das 19. Jahrhundert brachte wieder mit dem Wiedererwachen des deutschen Geistes eine Belebung seiner Formen: genossenschaftliche Bildungen. „Es sind wieder gotische Formungskräfte am Werke.“ Durch sie werden die römischen Formeln zu Formen umgestaltet und umgewertet, zu Formen deutschen Geistes.

Die Formen des deutschen Verfassungsrechts sind tatsächlich heute nicht mehr die romanistischen Formeln des Naturrechts, als die sie uns dargestellt werden. Seine Formen sind die des, mit den Mitteln romanischer Klarheit ausgestalteten, deutschen Staatsgedankens. Dieser ist heute in all' seiner Ausstattung mit römischer Begriffsklarheit als Eigenform faßbar, ohne daß wir, um ihn zu fassen, zurück müßten in das Dämmer gotischen Netzwerkes. Ergibt sich daraus nun für die Wissenschaft nicht die Notwendigkeit, seine eigene Lebensform zu fassen und die Begriffsformeln, mit denen er, vom Naturrecht her, umhangen ist, zerflattern zu lassen?

VI.

Das Recht ist uns eine soziale Funktion. Aus der Natur des menschlichen Gemeinlebens gehört es zum Wesen dieser seiner Äußerung, daß sie so wenig ohne den Staat wie der Staat ohne das Recht sich zu vollenden vermag. Daher ist eine Erkenntnis des Rechts einerseits nur aus derjenigen seines sozialen Wirkens und andererseits nur in Verbindung mit der Wissenschaft vom Staat möglich. Die Disziplin der allgemeinen Staatslehre, die die Soziallehre des Staats mit der Staatsrechtslehre verbindet, hat hierin ihre Aufgabe und Rechtfertigung. In dieser allgemeinen Aufgabe und Rechtfertigung der Staatslehre ist auch die besondere gegenüber der Frage nach der Bedeutung der alten deutschen Rechtsidee im Typus der heutigen deutschen Staatsordnung gegeben. Nicht das ist dafür bestimmend, ob ihr für selbstzweckliche wissenschaftliche Erkenntnis Eigenwert fehlt oder zukommt. Auch das kann an sich keine Rolle spielen, ob jene alte Idee in nationalen Gefühlsregungen einen Empfindungsreiz auszulösen vermag oder nicht. Sondern allein darauf kommt es an, und nur das hat unsere ganze Betrachtung veranlaßt und mit ihr uns zu jener Frage geführt: birgt die alte Rechtsidee Kräfte sozialen Wirkens, die durch wissenschaftliche Klärung gefördert werden können, und kann solche Förderung einen Wert für das Gemeinleben haben?

Wir haben die Bedeutung der wissenschaftlichen Klärung des

Genossenschaftsgedankens als eines leitenden Prinzips unserer Staatsordnung darin erblicken zu können geglaubt, daß sie der tatsächlich im Gemeinleben bestehenden und empfundenen Einheitlichkeit des Staats einen gedanklichen Ausdruck gibt, der sie ungezwungener, lebendiger und natürlicher erklärt als die herkömmlichen logischen Konstruktionen unserer Staatslehre. Solche Erklärung bedeutet die Herstellung festerer Verbindung der politischen Wirklichkeit mit dem politischen Denken, des Staatsgedankens mit dem Volksbewußtsein, durch die Vermittlung der Staatslehre. Eine derartige engere Verbindung zwischen dem Staat und seiner persönlichen Grundlage muß an sich schon als ein Wert für das Gemeinleben — zumal in einem konstitutionellen Staat — angesehen werden.

Noch höher muß der Wert einer solchen Verbindung zwischen Staat und Volk angeschlagen werden, wenn sie durch die Art des Bindungsmittels nicht nur stärker, sondern auch inniger wird. Das ist aber hier der Fall, da das Bindungsmittel, der Genossenschaftsgedanke, seiner geistigen Art nach, volkstümlich ist. Es ist organisch verwurzelt nicht nur im deutschen Staatsgedanken, sondern auch im primitiven Rechtsbewußtsein des deutschen Volkes.

Die Grundlage unseres rechtlichen Denkens überhaupt, der Angelpunkt des gemeinen Denkens über rechtliche und staatliche Dinge ist — wie R. Ihering mit der Intuition des genialen Juristen aufgezeigt hat — die Auffassung: „mein Recht ist das Recht, in jenem wird zugleich dieses verletzt und behauptet“. Das ist aber nichts anderes als — gefühlsmäßig verbreitert und vergröbert — die alte deutsche Rechtsidee, nach der die objektive staatliche und rechtliche Ordnung des Volkslebens zugleich ein persönliches Rechtsgut, eine Persönlichkeitseigenschaft des einzelnen Volksgliedes ist, nach der die Einheit des Volkes begründet ist in dem, alle Volksgenossen untereinander und zur Gesamtheit bindenden, rechtlichen Bande der Genossenschaftlichkeit in Recht und Pflicht, und in der daher Rechte und Pflichten der Staatsglieder (Fürst und Volk) in rechtlicher und politischer Hinsicht nur Ausstrahlungen eines einheitlichen Ganzen, der „lieb der gemeinen grechtikeit“ sind. In der volkstümlichen Vorstellung „mein Recht ist das Recht“ berührt sich das Denken des alten Liedes, das dem Herrscher Liebe gelobt, weil er „versprach, uns zu schützen das alte Recht“, und das der Schweizer Schillers, die „die alten Rechte, wie wir sie ererbt“ zu verteidigen sich binden, mit dem der preußischen Verfassung, die die „Rechte der Preußen“ gewährleistet, und der preußischen Könige, die sich als die „ersten Diener des Volks“ bekennen.

Die Zurückführung unseres Staatsgedankens auf die genossenschaftliche Rechtsidee gibt die Möglichkeit, ihn unmittelbar im volkstümlichen Denken zu verankern und damit seine psychologische Stabilität und Tragfähigkeit zu stärken. Damit ist jedoch ihr sozialer Wert nicht erschöpft. Das Wichtigste liegt vielmehr darin: indem mit der Wiedereinfügung der genossenschaftlichen Rechtsidee in das gedankliche System unserer Staatsordnung der formale Gedanke der staatlichen Einheit einen materiellen Wertgehalt empfängt, erhält dieser zugleich seine lebendige Bedeutung als Bewertungsmaßstab für die rechts- und politisch-institutionelle Ausgestaltung unserer staatlichen Ordnung im einzelnen und im ganzen. Der Genossenschaftsgedanke wird damit zu einer regulativen Idee der staatlichen Ordnung.

Als regulatives Prinzip nimmt der Genossenschaftsgedanke für die einheitliche Auffassung des Staats die Stelle ein, die früher der dualistisch konzipierte Vertragsgedanke ausgefüllt hatte. Damit wird eine Stelle im staatlichen Denken besetzt, deren Leerbleiben eine der verderblichsten Folgen des Sieges der historischen Rechtsschule über das naturrechtliche Denken war. Denn über die ungeheure soziale Bedeutung, die die Vertragstheorie als regulatives Prinzip für Fortschritt und Entwicklung des staatlichen und rechtlichen Lebens und

Denkens durch viele Jahrhunderte gehabt hat, können Zweifel nicht bestehen. Der Historizismus, der durch die Überwindung des Rationalismus der Vertragstheorie die Quelle mancher abwegiger und schädlicher Deduktionen verstopft hat, hat damit zugleich eine Quelle rechts- und staatsgedanklicher Lebensbildung zum Versiegen gebracht. Und er fand kein Bedürfnis, die Lücke auszufüllen; denn die Gedankenwelt des rechtlichen Historizismus war die des staatlichen Quietismus; zugleich auch die allgemeine der Romantik, die sich mit dem Schimmer der Formel vom „Volksgeist" begnügte, ohne zu versuchen, diesem eine lebendige Rechtsidee abzugewinnen. Mit der Ausschaltung der Vertragstheorie, die nie eine lebendige Rechtsidee, wohl aber ein stets taugliches formales Mittel, jede solche zur Geltung zu bringen, bedeutet hatte, war die Wissenschaft vom Staat und seinem Recht unter das Zeichen der Ideenhohlheit eingetreten. Der Positivismus, der das Verdienst der Ordnung und Registrierung der gewaltigen positiven Neuschöpfungen von der Mitte des 19. Jahrhunderts an für sich in Anspruch nehmen kann, hat mit und nach der Erfüllung dieser seiner beschränkten Aufgabe die Begrenztheit seiner Berechtigung gezeigt. Mit der Ersetzung der rein deskriptiven, sogenannten staatswissenschaftlichen, Methode durch die konstruktive, sogenannte juristische, in der Staatsrechtslehre konnte er zwar zu einer Klärung seiner wissenschaftlichen Form, aber nicht über diese hinauskommen: was er jetzt erklärt, statt es früher zu beschreiben, ist immer nur die Form. So läßt er — um ein Bild Gierkes zu gebrauchen — „aus der Schale, die ja freilich zum Gedeihen des Kerns unentbehrlich ist, den Kern selbst hervorgehen". Aber von dem eigenen Wesen des Kerns weiß er uns nichts zu sagen. Seine letzte Konsequenz ist nicht nur, wie Gierke sagt, „die Eliminierung der Rechtsidee", sondern auch die Eliminierung der Staatsidee. Wie es — ebenfalls nach Gierke — nur einer Läuterung, Vertiefung und Ergänzung der Einsichten der historischen Schule bedarf, um „das von dieser intuitiv erschaute ideale Moment im positiven Recht zur Geltung zu bringen"[1], so gilt dasselbe von der regulativen Idee in der positiven Staatsordnung. Denn schließlich ist es nur der von der historischen Schule in seiner schöpferischen Bedeutung erkannte Volksgeist, der uns in dem alten deutschen Genossenschaftsgedanken beides zugleich offenbart.[2]

Aber wir sind bisher ohne das ausgekommen. Wie soll bewiesen werden, daß gerade jetzt das Hervorholen des Genossenschaftsgedankens wissenschaftlich notwendig und deshalb berechtigt ist? Das Bedenken ist kein anderes als das prinzipielle des Alten gegen das Neue. Doch hat es eben darin, in dem wissenschaftlichen possessorium, eine gewisse Berechtigung; das Neue ist beweispflichtig.

Wir haben gefunden, daß das Unbefriedigende in der herkömmlichen Erklärung unseres Staatslebens durch die Staatslehre seinen Grund hat in deren Abhängigkeit von den formalen Dogmen des alten Naturrechts. Das Dogmenmaterial unserer Staatslehre ist noch heute — so sehr auch die in seiner Verwertung gefundenen Urteile sich geläutert haben — wesentlich dasselbe, wie es schon lange vor der französischen Revolution war. In anderthalb Jahrhunderten, in denen die staatlichen Institutionen sich stärker gewandelt haben denn vielleicht je zuvor in der Überleitung einer Epoche zur andern, ist der wissenschaftliche Apparat zu ihrer Erklärung fast ganz unverändert geblieben; selbst die Einfügung der Organtheorie durch

---

[1] O. Gierke, Naturrecht und deutsches Recht, 1883, 12.

[2] Das ist freilich wieder eine jener letzten Fragen, in denen das Wissen auf seine letzte Grundlage, den Glauben zurückgeht; in denen es daher kein Überzeugen, sondern nur Überzeugung gibt. Denn die Frage ist letzten Endes nur die des Glaubens an des „Rechtes Grund und Ziel", wie Gierke die Idee der „Gerechtigkeit" genannt hat. Es ist der Glaube, auf dem auch Iherings Lebenswerk fußt, das daher ein Denker anderer Geistesrichtung, wie Kohler, als „Dilettantismus" zu brandmarken noch heute immer wieder für nötig hält; jener deutsche Glaube an den sittlichen Gehalt des Rechts, dessen Gegensatz zur Überzeugung von dem Formwert des Rechts den Streit Iherings und Kohlers über das Urteil der Portia bestimmt.

Gerber und Albrecht bedeutet vielleicht nur eine Verfeinerung der Meßapparate. Daß unsere wissenschaftliche Erklärung der heutigen staatlichen Institutionen stereotyp ist, wie wir fanden, ist daher ganz natürlich. Sie mußte derart stereotyp werden, wenn sie sich einmal den traditionellen naturrechtlichen Denkformen ergab. Sie mußte gebunden bleiben, weil diese selbst gebunden waren. Denn das Naturrecht, das jahrhundertelang der Träger alles staatlichen und rechtlichen Entwicklungsstrebens gewesen war, war in seinen Denkformen — darin lag seine Entartung, die später zu seniler Spielerei führte — immer mehr im Rationalismus erstarrt. Diesen Rationalismus hat unsere Staatslehre mit übernommen, als sie die Denkformen des Naturrechts übernahm. Und nur eine Folge dieses Rationalismus ist es, daß das System unserer Staatslehre für das belebende Element der modernen deutschen konstitutionellen Monarchie keinen Ausdruck gefunden hat.

Die rationalistischen Denkformen des Naturrechts hatten sich in unmittelbarer Berührung und wechselseitiger Befruchtung mit den Institutionen des älteren Staatslebens bis zur französischen Revolution entwickelt. Sie waren also bis dahin in einem gewissen Grade Ausdrucksformen des historischen Wirkens gewesen. Erst im Schatten der juristisch und politisch so ungeheuer wichtigen Errungenschaft der prinzipiellen Trennung von Naturrecht und positivem Recht seit Kant war mit der Isolierung des naturrechtlichen Rationalismus dessen Versteinerung eingetreten. Die Lücke in der wissenschaftlichen Behandlung des Rechts- und Staatsgedankens, die dadurch entstanden war, hatte den Historizismus auf den Plan gerufen, war aber, wie wir fanden, von ihm nur zum Teil ausgefüllt worden.

Die Pflege der Rechtsidee und des Staatsgedankens, die vom Naturrecht in seiner Blütezeit nur in rationalistischer Form, materiell aber durchaus auch historisch betrieben worden war, hat ihre Beendigung gefunden mit der prinzipiellen Loslösung der Staats- und

Rechtslehre vom Naturrecht. Da aber die Staatslehre keinen anderen begrifflichen Apparat zur Verfügung hatte als den des Naturrechtes, so geschah uno actu der Verzicht auf die Pflege der Rechtsidee und des Staatsgedankens mit der Übernahme des einer vergangenen Epoche angehörenden, rationalistisch erstarrten, Gedankenapparats des Naturrechts. Die Beantwortung der Frage, ob eine neue wissenschaftliche Beurteilung des Staatsgedankens berechtigt und notwendig ist, ist daher nur möglich auf Grund selbständiger Beurteilung der Entwicklung der grundlegenden staatlichen Institutionen von dem Zeitpunkte ab, da die Staatslehre sich vom Naturrecht löste, da die alte naturrechtliche Staatslehre unter Kant und Fichte mit ihrer Höchstentwicklung auch ihr Ende erreicht hatte.

Daß die Darlegung und Begründung einer solchen selbständigen Beurteilung im Rahmen unserer Betrachtung nicht möglich ist, bedarf keines Wortes; denn sie würde eine kritische Darstellung der gesamten Entwicklung unseres Staatssystems von der französischen Revolution bis heute voraussetzen. Wie wir überhaupt nur durch Streiflichter, die auf einzelne wichtige Fragen geworfen werden, einige lebendige und charakteristische Ausschnitte aus dem gedanklichen Gesamtbilde unseres Staatslebens gewinnen wollen, müssen wir uns auch hier mit Andeutungen begnügen, und zwar nicht sowohl des Urteils und seiner gegenständlichen Grundlagen selbst, als vielmehr nur der uns am wichtigsten erscheinenden institutionellen Probleme und ihrer Beurteilungsmomente.

VII.

Der absolute Staat hatte dem politischen Denken die versonnene Stille zur — mehr oder weniger platonischen — Entwicklung der spekulativen Tiefe und Schwere des Vernunftrechts zugleich ermöglicht und aufgezwungen. Mit der Notwendigkeit eines Entwicklungsgesetzes mußte das Denken vom Staat in dem Augenblicke, der ihm in der Schule des Vernunftsrechts die höchste Reife gebracht hatte, diese verlassen. So begann es, als es in der französischen Revolution aus der Studierstube auf Markt und Straßen hinaustrat, zugleich von der Schulweisheit des Naturrechts und ihren Vorteilen und Nachteilen sich zu lösen und Anregungen in der eigenen Lebensbetätigung zu suchen. Noch in weitem Maße waren die staatsrechtlichen Bestimmungen des Allg. Landrechts, in umfassendster Weise die Gesetze der französischen Revolution schulgerechte Betätigungen des Naturrechts gewesen. Schon die französische Revolution selbst aber hatte unter der Beibehaltung naturrechtlicher Formen stark in andere Gedankenwelten gegriffen: die Freiheitsrechte gingen zurück auf ältere positivrechtliche Institutionen, der tiefere Kern des Rousseauschen contrat social war die Genossenschaftsidee. Die Nach- und Gegenwirkungen der französischen Revolution im deutschen Staatsrecht brachten diese außernaturrechtlichen rechtsgedanklichen Kräfte alsbald reiner und stärker zur Geltung.

Den wesentlichen Grundzug hat die neuere Staatsentwicklung

durch die Institution des Volksheeres erhalten. Von der französischen Revolution war sie als intuitive Konsequenz des Gedankens des contrat social, der organisatorischen Vereinigung der volonté générale mit der volonté de tous, in die Erscheinung gerufen. Bei ihrer Aufnahme auf deutschem Rechtsboden ist in ihr sofort der tiefere Kern des contrat social, die deutsche Rechtsidee der Genossenschaftlichkeit, zum Keim volkstümlicher Befruchtung geworden. Nicht ein Zufall, noch weniger eine romantische Spielerei, war die Wahl des alten Namens der „lantweri" für das organisatorische Hauptelement des Heerwesens, sondern nur der Ausdruck bewußten Zurückgreifens auf die alte germanische Rechtsidee genossenschaftlicher Pflicht[1], die in der Institution der Landfolge, wenn auch ohne allzu große praktisch-politische Bedeutung, so doch mit rechtsgedanklicher Klarheit sich durch ein Jahrtausend am Leben gehalten hatte. Nichts anderes als die alte deutsche Rechtsidee war die psychologische Grundlage jener Organisation, wie sie Scharnhorst angelegt, Boyen mit feinster Einfühlung in das volkliche Rechts- und Staatsempfinden durchgeführt hatte. In den drei Wesenszügen dieser Idee war sie verankert. Einmal entsprach deren sittlicher Vertiefung der Gedanke, das Schwergewicht

---

[1] Eine rechtsgedanklich genossenschaftliche Pflicht ist juridisch etwas ganz anderes als eine Pflicht gegenüber einer Genossenschaft, mit der sie v. Below in seiner gehaltvollen Besprechung meiner Studie über den „Gedanken des Volksheeres" (Hist. Ztschr. CXVII, 138) zur Widerlegung meiner Beurteilung identifiziert. Erstere bezeichnet nur die Charakterisierung einer Pflicht nach der causa remota ihres sozialen Zweckgedankens, letztere eine solche nach der causa proxima des subjektiven Rechtsinteresses, dem sie dienen soll. Die Gleichstellung beider bedeutet dieselbe juristische Tatbestandsvermengung, wie sie für die Beurteilung des ständischen Staates bewirkt worden ist, indem man so vielfach aus dem, was Albrecht die „privatrechtliche Färbung" dessen Staatsrechts nannte, das Urteil herleitete, daß es im älteren Sozialleben Rechtsverhältnisse zwischen den Inhabern der öffentlichen Gewalt als solchen und den ihr Unterworfenen juristisch als solche, also als öffentlichrechtliche, überhaupt nicht gegeben, mit anderen Worten, daß ein „Staat" überhaupt nicht bestanden habe. Das ist aber eine Auffassung, deren Flachheit (insbesondere für das M.-A.) gerade durch v. Below energisch bekämpft worden ist.

in die moralische Stärke, in das freie Pflichtgefühl des Einzelnen zu legen[1]; ganz in dem Sinne, wie nach Gierke „der freie, aber sittlich gebundene Wille die Seele der germanischen Persönlichkeit bildete."[2] Zum andern war es im Geist der deutschen Rechtsidee gedacht, die Pflicht der Einzelnen auf die Anschaulichkeit rechtlicher und politischer Genossenschaft aufzubauen, indem einerseits in der Landwehr die militärischen Einheiten die engsten politischen Gemeinschaften verkörpern, andererseits in dem stehenden Heer, das nur Hauptschule des bewaffneten Volkes sein sollte, die Einzelnen zu der Vorstellung der umfassenden Gemeinschaft im Staate erzogen werden sollten.[3] Zum dritten sollte, nach der Auffassung der Reformer, ganz im alten deutschen Sinne der Gedanke des Volksheeres nur der Ausfluß einer Rechtsidee sein, die zugleich den Staatsgedanken bestimmte und daher den Maßstab der staatlichen Ordnung bildete. So sollte ganz im Sinne jener Rechtsidee die Genossenschaft in der Pflicht verbunden sein mit der Genossenschaft im Recht. „Teilnahme der Nation an Gesetzgebung und Verwaltung" — sagte Stein — „bildet Liebe zur Verfassung". In dieser aber, in der lebendigen Empfindung der Rechts- und Staatsidee, sollte das freie sittliche Pflichtgefühl, das dem Heer die Stärke geben sollte, seinen Halt haben. Der Gedanke des Volksheeres und der Gedanke einer verfassungsmäßigen Teilnahme des Volkes am Staat war den Reformern psychologisch eine Einheit, die Einheit des Rechtsgedankens. Deshalb erschien ihnen die neue Wehrordnung nur als der Ausbau eines, ersten und wichtigsten, Grundelements des Ganzen einer neuen Staatsordnung, die neue gesetzliche Einrichtung des Heerwesens nur als der Grundstein zum Ausbau einer gleichartig und einheitlich gedachten rechtsorganisatorischen Einrichtung des gesamten Staatswesens. Diesen Sinn hatte es, wenn das

[1] Wolzendorff, Der Gedanke des Volksheeres, 17f., 22; dazu Fr. Meinecke, Das Leben des Generalfeldmarschalls Hermann von Boyen II, 1896.

[2] Gierke, Genossenschaftsrecht II, 33.

[3] Gedanke des Volksheeres 23, 183.

Wehrgesetz vom 3. September 1914 sich als „die Grundgesetze der Kriegsverfassung des Staats" bezeichnete und durch den Hinweis auf den Wunsch „der Nation" jene konstitutionellen Vorstellungen noch unterstrich. Und das war nicht nur die Auffassung Boyens und seiner Mitarbeiter in Preußen, sondern die des vorwärtsstrebenden vaterländischen Denkens überhaupt. „Im Gefühl selbst der rühmlichsten und bereitwilligsten Hingebung an die Pflicht mußte das Vertrauen entspringen auf die notwendige Erneuung und Belebung des in den Staatsverhältnissen veralteten." So schrieb 1816 F. G. Welcker[1] und nannte das den „Geist der Freiheit und des altväterlichen Rechts". Tatsächlich ist rechtsgedanklich diese Einheit des Gedankens des Volksheeres und des Verfassungsstaates die der alten deutschen Rechtsidee. Die Richtlinie für die Entwicklung des preußischen Verfassungslebens war damit ein für allemal gegeben.

Die Pläne der Reformer auf Ausgestaltung eines Verfassungssystems aus den Kräften volklichen Rechts- und Staatsempfindens wurden nicht verwirklicht. Nur in wenigen Punkten kamen ihre Strebungen zur Geltung; aber diese sind wichtig genug; denn sie liegen ganz in der Richtung der Entwicklung zum volklichen Verfassungsstaat aus der deutschen Rechtsidee heraus, wie sie den Reformern vorgeschwebt hatte.

Die Städteordnung Steins bedeutete nur die Wiederaufnahme des in der Tradition des Gemeindewesens nie ganz erloschenen alten Genossenschaftsgedankens.[2] Der germanische Gedanke der Freiheit, der

---

[1] In den Kieler Blättern 1816, hier zitiert nach dem unten S. 83 Anm. 1 angeführten Neudruck von 1831, S. 47.

[2] Die Städteordnung hat ihn auch in ganz neuer Reinheit der materiellen Rechtsidee und Klarheit der institutionellen Form zum Ausdruck gebracht: „Das Gesetz und ihre Wahl sind die Vollmacht der Stadtverordneten, ihre Überzeugung und ihre Ansicht vom gemeinen Besten der Stadt ihre Instruktion, ihr Gewissen aber die Behörde, der sie deshalb Rechenschaft schulden." Das ist die alte deutsche Idee, die den Entwicklungskeim öffentlichrechtlichen Denkens überhaupt enthält: Freiheit in sittlicher Bindung durch die iustitia, das Gemeinschaftsinteresse, das so zugleich den Inbegriff der Genossenschaft bildet. Vgl. dazu demnächst meine Ausführungen in „Der Polizeigedanke des modernen Staats", Kap. 3.

von dem romanistisch formalen Freiheitsbegriff des Naturrechts so unendlich verschieden ist, war das leitende Prinzip der Reform des Städtewesens. Er wirkte aber zugleich auch in der Reform der ländlichen Rechtsverhältnisse. Nur war er hier von einer ganz anderen Seite eingesetzt, und gerade diese äußere Verschiedenheit zeigt die selbständige Sicherheit der gemeinsamen inneren Idee. Die deutsche Rechtsauffassung der Freiheit vereint zwei rechtsinstitutionelle Elemente: die Freiheit von jeder anderen als öffentlichen Gewalt und die genossenschaftliche Zusammensetzung und Handhabung dieser Gewalt.[1] Während nach Lage der Dinge die Städteordnung bei dem zweiten dieser Elemente einsetzen konnte, mußte die Reform des bäuerlichen Rechts bei dem ersteren einsetzen und mit der Bauernbefreiung beginnen. Beides aber waren rechtsgedankliche Schritte von der gleichen Grundlage aus nach demselben Ziel hin.

Bei anderen Schritten der Reform ist die leitende Bedeutung der deutschen Rechtsidee weniger klar — nicht nur erkennbar, sondern auch — vorhanden. Sie wirkt hier, wohl wesentlich intuitiv, als einigendes Moment für Gedanken und Institutionen, die unmittelbar dem Naturrecht oder dem englischen Staatsrecht entnommen waren, mittelbar aber damit auf das ältere deutsche Recht zurückführten. So geht die Gewerbefreiheit über die Freiheitsrechte der Revolution, die Physiokratie und Locke zurück auf das englische birthright (Freiheit, Leben und Eigentum) und damit die alte deutsche Rechtsidee. Und der 1808 in Ostpreußen zuerst verwirklichte Gedanke einer allgemeinen, von einer Provinzialvertretung bewilligten, Einkommensteuer vereinigte mit dem unmittelbar genossenschaftlichen Grundgedanken den alten Verfassungssatz „no taxation without approbation". Dabei wurzelte die, überhaupt in dem Denken der Reformer eine große Rolle spielende, Vorstellung von der Bedeutung des englischen Vorbildes in dem — vielleicht vorwiegend empfindungsmäßigen — Bewußtsein dessen Zusammenhangs mit dem alten deutschen Freiheits- und

---

[1] C. Brinkmann, a. a. O., bes. 49f.

Genossenschaftsgedanken. Hatte es doch in diesem Sinne sogar in den Grundgedanken der Landwehrorganisation (Kavallerie) in unmittelbarstem Zusammenhange mit deutschen Vorbildern (Gildenreiterei) eine Rolle gespielt.[1]

Über Stein hat Meinecke gesagt: „wenn er vom Staate spricht, sieht man im Hintergrunde die Gemeinde der freien Männer am Male tagen". Man wird das von den gesamten Reformern mit einer gewissen Einschränkung hinsichtlich der Klarheit und Anschaulichkeit jenes Bildes sagen können. Die Reform des preußischen Staates war im wesentlichen Produkt des Wiedererwachens eines deutschen Staatsgedankens, wie denn den Reformern fast ausnahmslos die preußische Sache stets — wenn nicht nur, so doch auch — Zweck für die deutsche Sache war. So war ihnen allen auch gemeinsam, daß das Bild deutschen Rechts- und Staatslebens, das sie im Herzen bargen, der Wirklichkeit voraus war. Für die Wirklichkeit hatten sie nur Keime in einen tragfähigen Boden gelegt. Die Schneedecke der Restauration ließ diese zunächst nicht zur Entfaltung kommen. Sie bewahrte sie aber auf für späteres Leben. Denn in ihrer Stille kam auch manches von dem Streit der romanistisch-formalisierten Dogmen des Naturrechts zur Ruhe.

Die naturrechtliche Antithese von Herrscher- und Volkssouveränität konnte in der Restauration nicht verschwinden, obwohl deren Zeitgeist eine gewisse Abneigung gegen die beunruhigende Schärfe der äußersten, in romanistischer Logik gezogenen, Konsequenzen der naturrechtlichen Dogmen und damit gegen das Naturrecht selbst entsprach; wie denn besonders auch die Vertragsidee etwas in Mißkredit geraten war. Einer völligen Abwendung von den naturrechtlichen Dogmenformeln stand entgegen das Bedürfnis einerseits der Legitimitätsidee nach dem geistigen Rüstzeug der Herrschersouveränitätslehre, andererseits des, politisch mit der Revolution nun einmal in

[1] Gedanke des Volksheeres, 24; Meinecke, a. a. O., 223.

unaufhaltsame Bewegung gebrachten, demokratischen Gedankens nach dem institutionellen Ideensystem der naturrechtlichen konstitutionellen Theorie, die mit der Volkssouveränitätsidee eng verschlungen war. Aber, wenngleich deshalb die alte Antithese des monarchischen und des demokratischen Gedankens weiterlebte, so war doch ihre überragende Bedeutung geschwunden. Denn die Alleinherrschaft des naturrechtlichen Rationalismus und Formalismus, auf der jene Bedeutung beruhte, war gebrochen. Die Rückkehr des staatlichen und rechtlichen Denkens vom naturrechtlich-rationalistischen Standpunkt zum historisch-volkstümlichen war mit der deutschen Erhebung in solcher Sicherheit eingeleitet worden, daß die Richtung der Entwicklung auf die Dauer nicht von ihr unbeeinflußt bleiben konnte.

Zunächst kam mit und nach den Freiheitskriegen in dem Denken über die ideellen Ziele fortschrittlicher Entwicklung des Staatslebens das Moment volklich-geschichtlicher Bewertung zu einer Entfaltung, deren Bedeutung und Umfang wir heute zu Unrecht sehr übersehen. Mag immer, wie Meinecke das zu so glänzender Darstellung gebracht hat, in der Entwicklung vom menschlich-politischen Ideal des Weltbürgertums zu dem des Nationalstaats das Denken der geistigen Führer im Zeitalter der deutschen Erhebung das volklich-staatliche Ideal nur in und mit und daher hinter dem allgemein-menschheitlichen Ideal zur Geltung haben kommen lassen. Unter dem Einfluß ihres politischen Wirkens war doch in dem Denken über das Ideal innerstaatlicher Ordnung gerade das volklich-geschichtliche Moment gegenüber der Idee eines menschheitlichen, internationalen Staatsideals zu selbständigem Leben erstanden. So wurde insbesondere der erwachende deutsche Liberalismus zum bewußten Träger jenes Gedankens, mit dem die preußischen Reformer mehr intuitiv gearbeitet hatten: die Kräfte zur Erstarkung des deutschen Staatlebens aus der Verpflanzung seiner Ordnung auf den Boden der deutschen Rechts- und Staatsidee der Genossenschaftlichkeit zu gewinnen. Wie jene knüpften sie dabei unmittelbar an das englische Vorbild an. Wie jenen — und vor ihnen schon Montesquieu — war ihnen dieses aber nur die Vermittlung germanischer institutioneller Rechts- und Staatsgedanken. Um nur ein Beispiel hervorzuheben, so entwarf schon 1816 der „erste rheinische Liberale" (Benzenberg) eine — im grundsätzlichen Inhalt von der später geltend gewordenen gar nicht so sehr abweichende — preußische Verfassung, „die auf altgermanischem Rechte beruht, auf neugermanischen Ständen und einem gesalbten König".[1] Und das war nicht bloße Romantik, sondern Ausfluß einer wissenschaftlich durchdachten Staatsauffassung, der Belebung des Staatsgedankens aus der deutschen Rechtsidee: die gemütsbetonte sittliche Beschwerung der Rechtsidee führte aus dem genossenschaftlichen Gedanken, daß der Schwächere auf die Hilfe des Stärkeren angewiesen ist[2], dahin — bei aller Wärme des monarchischen Gedankens[3] — den Staat organisch aus der Gesellschaft, statt „von oben herunter"[4], anstaltlich, aus der Staatsgewalt zu erklären; so aber zugleich die Rechtsforderungen des modernen Verfassungsstaates aus den geschichtlichen Grundgedanken des deutschen Staatslebens zu entwickeln; daher z. B. auch, ähnlich wie Stein, die germanische Institution des unbesoldeten Ehrenamtes als hervorragendes Mittel zur Verknüpfung des Bürgers mit dem Gemeinwesen zu bewerten. Noch lange hat diese, in bewußtem und ausgesprochenem

[1] **Benzenberg**, Über Verfassung 1816, 272ff.

[2] a. a. O., 480ff. Die Formulierung: „Das Recht des Stärkeren gründet sich auf die Hilflosigkeit des Schwachen" bildet einen höchst interessanten Parallelismus zur gleichzeitigen Lehre **Hallers**. Denn bei aller Gegensätzlichkeit der Gedankenrichtung fehlt es doch auch nicht an innerer Gleichartigkeit, die auf den alten Gedanken der Genossenpflicht zur Rechtshilfe zurückzuführen ist, der bei **Haller** klar hervortritt.

[3] a. a. O., 349ff. **Benzenberg** betont ähnlich, aber tiefer, wie später Bismarck, die Besonderheit der „Anhänglichkeit ans regierende Haus" bei den Deutschen („in ihrer Liebe liegt etwas Zartes, Trauliches") und deren Gegensatz zu dem, auf die nüchterne politische Werterkenntnis der Institution gegründeten, englischen monarchischen Gedanken.

[4] a. a. O., 476ff.

Gegensatz zu dem formalistischen Dogmatismus des Naturrechts stehende, Neigung des Liberalismus, die konstitutionalistischen Forderungen auf die Grundlage geschichtlich-volklichen Rechtsdenkens zu stellen, weitergewirkt.[1]

Diese Denkart des älteren deutschen Liberalismus, der so unerschütterlich monarchistisch und im besten Sinne konservativ war, besaß die beste gedankliche Eignung, dem deutschen konstitutionellen Staat ein Verfassungsgewand zu geben, das dem Organismus seines Körperbaus besser angepaßt war als jenes fertige Gewand aus zeitlos-internationalen Formalbegriffen, das die naturrechtliche Tradition auf Lager hatte. Aber sie besaß nicht die politische Kraft, dies Werk

[1] Ein höchst interessantes Beispiel aus der früheren Zeit bilden die beiden Aufsätze von F. G. Welcker, „Von ständischer Verfassung" (Nemesis 1815) und „Über Deutschlands Zukunft" (Kieler Blätter 1816), die zusammen 1831 neu veröffentlicht sind. Sie sind durch und durch, ohne daß das ausdrücklich so formuliert ist, von der deutschen genossenschaftlichen Rechtsidee getragen. So werden z. B. die Begriffe „Recht und Verfassung" als diejenigen bezeichnet, „welche eine im Sittlichen befestigte und darum die allein sichere Grundlage der Staaten und der eingeführten Ordnung bilden müssen" (7), in diesem Sinne wird die Hoffnung ausgesprochen, „daß das Recht vom Verfall aufgerichtet und lebendige Einheit der Völker und Fürsten hergestellt würde" (46), und das Ziel gesetzt in den „Geist der Freiheit und des altväterlichen Rechts" (56; vgl. auch oben S. 78). — In späterer Zeit tritt, um nur zwei Beispiele herauszugreifen, mit historischer Klarheit und programmatischer Deutlichkeit das Anknüpfen des Liberalismus an spezifisch deutsche Institutionen hervor bei v. Campe und Dahlmann. F. A. v. Campe (Die Lehre von den Landständen nach gemeinem deutschen Staatsrechte von F. A. 1841, bes. 7ff., 76ff.) legt dar, daß nur unter dem Einfluß des römischen Rechts (lex regia) die Vertrags- und damit die Volkssouveränitätsidee in die alten deutschen institutionellen Gedanken der Rechts- und Konsensgebundenheit des Herrschers hineingetragen und deshalb für deren innere Bedeutung unerheblich sind. Und F. C. Dahlmann (Die Politik, 2. Aufl., 1847, I, bes. 116ff.) bezeichnet mit allem Nachdruck die repräsentativ-konstitutionelle Verfassung als nur eine soziologisch-historisch zu erklärende Umwandlung der älteren deutschen Institutionen (vgl. oben S. 45); stellt sie aber rechtsgedanklich auch ausdrücklich auf den Genossenschaftsgedanken: „Jetzt liegt in der Bahn des Lebens die Überzeugung, daß vor allem die Ordnung der Gesamtheit mit Einsicht und Gerechtigkeit zu erstreben sei; das Einzelne soll, sozusagen, sein Dasein rechtfertigen durch seine tätige Stellung zum Ganzen" (a. a. O. 129).

durchzuführen. Denn hier, wie so oft in der Geschichte der Staatstheorien, war die innere Kraft äußere Schwäche. Weil die Ideen des Liberalismus ursprünglich nicht sowohl naturrechtliche Formaldogmen, sondern volkliches Rechtsempfinden waren, mußten sie verbunden sein mit der Idee der staatlichen Einheit des deutschen Volks: das Band, das in den deutschen Staaten die innere Einheit von Staat und Volk verwirklichen wollte, war kein anderes als das des einen und einigenden deutschen Staatsgedankens aus der Rechtsidee der Genossenschaftlichkeit des Volkes, „war Schwarz, Rot und Gold". Gegen dieses Band aber stand damals alle reale politische Macht.

Als Sieger stand die mitteleuropäische politische Macht der Restauration gegen die Idee des deutschen Liberalismus. Freilich als schon überwundener Sieger. Ihre Hohlheit ließ die Restauration in den psychologischen Mitteln, so geschickt sie ausgeklügelt waren, zu kurz greifen. Den volkstümlichen Rechts- und Staatsstrebungen, die in den liberalen Ideen wirkten, die Spitze abzubrechen, führte die Restauration ihrerseits Ideen ins Feld, die in dem alten deutschen Rechts- und Staatsgedanken enthalten gewesen waren; allerdings nicht in ihrer ursprünglichen Reinheit aus jenem Gedanken, sondern in ihrer mittelalterlichen Entartung aus romanistischer, isolierender Formalisierung des Denkens und der Zerfahrenheit des älteren deutschen Staatslebens. Es konnte aber auf die Dauer nicht anders sein, als daß all jene reaktionären Ideen theokratisch gedachter Legitimität, patriarchalisch-absolutistischer, feudaler und landständischer Berechtigungen usw., die unter dem Banner des „monarchischen Prinzips" nur künstlich geeint waren[1], durch ihre romantische volklich-historische Färbung, die sie zur Bekämpfung der volkstümlichen Strebungen des Liberalismus besonders tauglich machen sollten, schließlich doch diesem

[1] H. O. **Meisner**, Die Lehre vom monarchischen Prinzip (Untersuchungen zur deutschen Rechts- und Staatsgeschichte herausgegeben von O. v. **Gierke**, CXXII), 1913, bes. 110ff.

den Boden bereiten mußten. Wenn sie auch nur der Entartung, nicht der Reinheit der deutschen Rechtsidee entsprachen, so eröffneten sie damit doch, ohne Wissen und Willen, auch den Ausblick auf jene und damit die Ideale des Liberalismus. Denn diese konnten nicht zerstört werden, weil sie volkliches Rechtsbewußtsein waren, und ein Bewußtsein läßt sich nicht vernichten, wenn auch die gedanklichen Folgerungen aus ihm zeitweilig irregeleitet werden können: „Die Form kann man zerbrechen, die Liebe nimmermehr", wie der Liberalismus 1819 sang.

Eine richtunggebende Beeinflussung des staatlichen Denkens im Sinne der deutschen Rechtsidee darf man nun allerdings gewiß nicht in jedem deutschtümelnden, historisch verbrämten Aufsatz eines Publizisten oder dem gleichartigen Aphorismus eines Politikers der Restauration suchen wollen. So bedeutete es hierfür herzlich wenig, wenn der feine politische Sinn eines Metternich ihn die Idee des „landständischen" — als des geringeren Übels — gegen das „konstitutionelle" ausspielen oder der raffinierte Skeptizismus eines Gentz diesen mit dem Feudalismus liebäugeln ließ. Doch aber gehört jene Beeinflussung zum gedanklichen Wesen der Restauration. So ging sie am stärksten aus von dem geistigen Vater der „Restauration", jener seltsamen Persönlichkeit, deren denkerische Willenskraft eine politische Macht für sich bildete.

Wie ein Hecht in den Karpfenteich des dumpfen Gewässers Jahrhunderte alter naturrechtlicher Dogmen war Ludwig von Haller gefahren. Ein Träger ganz konkreter Rückschrittsstrebung, hatte er doch mit seinem mittelalterlichen System das Leben deutschen Geistes im Staatsdenken durch seinen gewaltigen Einfluß aufgewühlt. Dies System, das schlechthin die mittelalterlich-subjektivistische Zersetzung deutschen Rechts- und Staatsdenkens verherrlichte und als Ganzes geradezu die Verneinung der alten Rechtsidee der Genossenschaftlichkeit bedeutete, brachte doch grundsätzliche Wesenszüge jener zur Geltung, die allen naturrechtlichen Dogmatismus erschüttern mußten:

die germanische Anschaulichkeit des Denkens und ihre sittliche Beschwerung des Rechts, mit und in ihr die Idee sittlicher Gebundenheit des nicht aus der Volkssouveränität hergeleiteten Herrscherrechts und die Bedeutung des subjektiven Rechts[1], sowie auch der bürgerlichen Grundpflicht, Rechtes zu helfen.

Es ist eine der zahllosen verschiedenen Seiten der Lehre L. v. Hallers, daß ihr das Verdienst zukommt, eine Bresche gelegt zu haben in die Mauer formaler, romanistisch beeinflußter Begriffe des Naturrechts, die bis dahin das wissenschaftliche Denken vom Staat umschloß. Sie hat damit allen denjenigen geistigen Strebungen einen Weg zur Staatslehre geöffnet, die hinter den abstrakt-rationalistischen begrifflichen Bestimmungen der politischen Institutionen deren materiellen Gehalt und soziale Bedeutung suchten. Dazu gehörte — um beliebig aus dem Nächstliegenden Beispiele herauszugreifen — die historische Rechtsschule, die im Recht nicht mehr ein rationales und daher internationales Geistesgebilde, sondern die Äußerung des inneren Charakters und des äußeren Lebensschicksals der Nation erblickte. Dazu gehörte ferner die organische Staatsidee, die, wenn auch in ihrer Konstruktion in die naturrechtlichen Traditionen gehörig, doch in ihrer Grundlage germanisch-genossenschaftlich gedacht war, daher in ihren Anfängen z. T. ausdrücklich und stark mit der Geburtsrechtsidee arbeitete und deshalb z. B. in den gegen Haller gerichteten

---

[1] Die Betonung des Dualismus Herrscher—Volk in der Lehre Hallers war vielleicht für das Verständnis des lebendigen deutschen konstitutionellen Gedankens gerade als Gegengewicht gegen die rationalistischen Konstruktionen des Naturrechts von Wert: indem er selbst den gordischen Knoten dieses Problems mit dem Schwerte der Idee Macht = Recht durchhieb, zeigte er doch, daß auch die bisherigen begrifflichen Lösungsversuche nur artistische Scheinleistungen zustande gebracht hatten. Und bei aller Einseitigkeit seiner mittelalterlichen Konstruktionen boten diese doch das für den modernen Staatsgedanken so wichtige Problem des subjektiven Bürgerrechts — wenn auch nur in privatrechtlicher Konzeption — dar in realerer Greifbarkeit seiner wahren (zweischneidigen) politischen Bedeutung, als die naturrechtliche Theorie der unveräußerlichen Menschenrechte.

Lehren des Schweizers Troxler zu jener, der alten deutschen Rechtsidee entsprechenden, Einheitlichkeit in der Konzeption der Ideen der Freiheitsrechte und der Staatsgewalt gelangte, die der Begriffslogik des Naturrechts unerreichbar war. Es gehörte aber auch dazu die sittliche Bewertung des Staates in der Rechtsphilosophie Hegels, die nicht nur eine Abwendung von dem eudämonistischen Utilitarismus des Naturrechts bedeutete, sondern vor allem auch den Gegensatz zu dessen nur formaler Konstruktion des Staatsgedankens aus antinomischen Formalideen mit Hilfe des Vertragsgedankens. Nicht minder aber gehörten dazu die politisch-philosophischen Lehren Stahls, die in der Beurteilung des Königtums — trotz einer gewissen orientalisch-theokratischen Färbung — dem deutschen Königsgedanken näher standen als der naturrechtlichen Herrschersouveränitätsidee etwa der französischen Legitimisten, und die in der Idee des „monarchischen Prinzips“ in absolutem Gegensatz zum naturrechtlichen Rationalismus einen organisatorischen Grundsatz unmittelbar aus einer geschichtlich-positivistischen volklichen Wertung des Staatsgedankens ableiteten; indem sie durch volkliche Auffassungen für den Königsgedanken warben, der nun einmal eine nicht beiseite zu schiebende Realität war, mußten sie zu einer gewissen Loslösung des monarchischen Gedankens von der formalen, naturrechtlichen, Antithese zum demokratischen Gedanken führen.

So ist seit der deutschen Erhebung, in allmählicher Loslösung von der traditionellen Begriffswelt naturrechtlicher Herkunft, die alte deutsche Auffassung belebt worden, die in materieller Bewertung des Staatsgedankens die formale Antithese des demokratischen und monarchischen Gedankens an Bedeutung verlieren ließ. Diese Bewegung, die nach den Befreiungskriegen wesentlich von Trägern konservativer, wo nicht gar reaktionärer, politischer Auffassungen verursacht war, mußte schließlich die Richtung auf das von den preußischen Reformern gesteckte ideelle Ziel einer organisatorischen Verwirklichung der alten deutschen Rechtsidee führen. Tatsächlich wird man sie — wie bereits angedeutet — als die vielleicht wichtigste psychologische Vorarbeit für die Versöhnung des demokratischen und des monarchischen Gedankens bewerten müssen. Denn nach der realen Rechtslage mußte diese Versöhnung von der Krone eingeleitet werden, so daß die Überwindung der Abneigung monarchisch-konservativen Denkens gegen demokratische Konzessionen realpolitisch ihre wichtigste Voraussetzung war. Freilich bildete das auch wieder einen Grund dafür, daß die Form, in der jene Versöhnung Rechtens wurde, durchaus nicht den in der Reform gesteckten ideellen Zielen entsprach. Denn diejenigen Kräfte, an die die Konzessionen gemacht werden mußten, die des Liberalismus, standen im Banne der naturrechtlichen Formeln.

Die Entwicklung eines spezifisch deutschen Liberalismus war, wie wir gesehen haben, in der Restauration eine politische Unmöglichkeit. Mit der bescheidenen Sachlichkeit seiner Ideale war gegen das so sicher gefügte System der Restaurationspolitik nicht anzukommen. Um den Dunstkreis dieser Politik zu durchstoßen, bedürfte es schärferer propagandistischer Mittel. Deren eigene Publizistik drängte die des Liberalismus geradezu auf den Ausweg zu den alten, schlagkräftigen, internationalen Begriffsformeln: vom historisch fundiertem deutschen Rechtsdenken mußten sich die nach Fortschritt in der Richtung des Verfassungsstaats strebenden Geister in demselben Maße abwenden, als Geschichtlichkeit und Volkstümlichkeit propagandistisch oder wissenschaftlich in den Dienst konservativer und reaktionärer Strömungen gestellt wurden. Was war natürlicher, als daß sie Zuflucht suchten bei den alten Zauberformeln des Naturrechts und damit freilich wieder ganz abkamen von dem Wege zu der deutsch-rechtsgedanklichen Konzeption der Einheit von Freiheitsrecht und Staatsgewalt, Königsrecht und Volksrecht. So arbeitete der liberale Staatsrechtslehrer des Deutschen Bundes, Klüber, bis an sein Ende mit der dualistischen Vertragstheorie; nicht minder tat dies Pölitz, und in den Staatslehren des radikalen deutschen Liberalismus (Rotteck und Welcker) spielten diese und die übrigen rationalistischen Dogmen des Naturrechts (Gemeinwille, Volkssouveränität usw.) die entscheidende Rolle [1], noch mehr aber beherrschten sie die Flugschriftenliteratur des Jahres 1848.

Die ganz auf den Begriffen der naturrechtlichen Staatslehre fußende Dogmatik der liberalen konstitutionellen Theorie lieferte die institutionellen Formen, die, äußerlich im Anschluß an das jener entsprechende belgische Vorbild, in der preußischen Verfassung die Versöhnung des monarchischen und demokratischen Gedankens zur Geltung erhoben. Die Saat deutschen Rechtsdenkens, die die historische Rechtslehre und die konservative Staatslehre ausgestreut hatten, wirkte dabei wesentlich nur als psychologische Bereitung des politischen Bodens, nicht als Züchtung von Rechtsgedanken, wie sie den großzügigen Plänen der Reformzeit entsprochen hätten. Vereinzelt tauchen zwar in der Zeit des Übergangs zum Konstitutionalismus Rechtsgedanken auf, die ihre Grundlage in der deutschen Rechtsidee der Genossenschaftlichkeit haben; so in der Einführung der Schwurgerichte, der Haftung der Gemeinden für Aufruhrschäden, den Plänen zur Schaffung eines, traditionelle englische Einrichtungen idealisierenden, Konstablertums und der Polizeidienstpflicht des Strafgesetzbuchs (§ 340 Ziff. 7), die sämtlich nur Ausflüsse der alten deutschen Idee der genossenschaftlichen Pflicht, Rechtes zu helfen, sind [2] und unmittelbare Neubelebungen uralter Traditionen darstellen. Im ganzen aber sind die rechts- und politisch-institutionellen Grundgedanken unseres Verfassungssystems einfach dem naturrechtlichen Schema

---

[1] Wie sehr diese Konstruktionen sich von der einheitlichen deutschen Staatsidee entfernen, zeigt am deutlichsten die Lehre Rottecks, die ausdrücklich die „Zweiheit“ von Monarch und Volksvertretung und das Fehlen der „juristischen Einheit“ als das Wesen der konstitutionellen Verfassung proklamiert: „Keine künstliche Personifikation kann, ohne Zernichtung des Rechtszustandes, solche Einheit für sich beanspruchen.“

[2] Dazu meine Ausführungen, Verw. Arch. XV, 531ff., 559ff.

internationaler Dogmenformen entnommen worden und haben daher für den Gedanken staatlicher Einheit, den sie verwirklichen wollten, nichts anderes gegeben als die alten antithetischen Momente, aus denen dann die Wissenschaft künstlich jene konstruieren mochte. Nur die krassesten Zuspitzungen der Antithese zwischen dem monarchischen und demokratischen Element waren beseitigt mit der endgültigen Ausschaltung der alten rationalistischen Ideen der Volkssouveränität und des Staatsvertrags durch die zwar theoretisch ihrem materiellen Gehalt nach an sich wandelbare[1], in Preußen aber ihrer politischen Bedeutung nach durch Stahl leidlich bestimmte Idee des „monarchischen Prinzips"[2].

Immerhin war mit der Verfassung der Genossenschaftsgedanke, wenn auch nicht als klar erkannte und bewußt ausgebaute Rechtsidee, so doch in seinen einzelnen Elementen — das ist ja das Ergebnis unserer früheren Betrachtungen — als wirkendes Lebensprinzip wieder zur Geltung gebracht. Die damit beschrittene Bahn mußte zu seiner immer stärkeren und grundsätzlicheren Durchbildung führen.

Die Ausbildung des Genossenschaftsgedankens ist eine notwendige Folge der Überleitung des Staatslebens in den Konstitutionalismus, denn dieser ist seinem rechtsgedanklichen Gehalt nach nichts anderes als die — formal verschleierte — Geltung des Genossenschaftsgedankens. So ergibt sich aus der institutionellen Idee der Volksvertretung und ihrer Funktionen, als der Verwirklichung des materiellen Gedankens der Teilnahme des Volks an der Bildung des Staatswillens, das Gemeinschaftsinteresse einer Belebung staatsbürgerlicher Meinungsbildung. Die objektiven Grundsätze der Preß-, Vereins- und Versammlungsfreiheit sind rechtsgedanklich lediglich Ausflüsse der genossenschaftlichen Mitwirkung an der Bildung des Staatswillens. Nicht anders das persönliche Substrat dieser Grundsätze, die Preß-, Vereins- und

[1] Arch. öffl. Recht XXXIV, 478ff.

[2] **Meisner**, a. a. O., 330ff.

Versammlungsfreiheit als subjektive Persönlichkeitseigenschaft der Volksglieder, als „Rechte der Preußen". Nicht anders aber auch die nähere gesetzliche Ausgestaltung dieser „Rechte" im Sinne ihrer Beschränkung im Gemeinschaftsinteresse, der „iustitia".

Weiter ist der konstitutionelle Grundgedanke der Beteiligung des Volkes an der Gesetzgebung nur die Formalisierung der institutionellen Seite des alten Gedankens der Findung des Rechts durch das Volk, jenes Gedankens, der unmittelbar in der alten deutschen Rechtsidee gegeben ist, nach der das Recht das die Gemeinschaft zusammenschließende, in der Persönlichkeit der Volksgenossen wurzelnde Band ist; der aber zugleich nur eine Konsequenz der modernen sozio-psychologischen Bewertung des Rechts ist, nach der dies seinen letzten Grund stets nur in der nicht weiter ableitbaren subjektiven Überzeugung von seiner Gültigkeit hat. Auf jenem Gedanken der Findung des Rechts durch das Volk beruht aber auch die konstitutionelle Organisation der Rechtspflege. Die Rechtsprechung durch — von der Regierung — unabhängige Richter, die allein dem „Gesetz", d. h. dem vom Volke gefundenen, vom Herrscher gebotenen Recht, unterworfen sind, ist nur eine, der Vielgestaltigkeit des modernen Lebens technisch angepaßte, institutionelle Folgerung der genossenschaftlichen Rechtsidee. Und nur aus dem Zufall der historischen Entwicklung der naturrechtlichen Formalideen ist es zu erklären, daß nicht — wie im ständischen Staat die landesherrlichen Zusicherungen über die Nichtbeeinflussung der Richter u. dgl. zum typischen Bestand der „Landesfreiheiten" gehörten — die Wirkung jenes Grundsatzes institutionell zu einem subjektiven Freiheitsrecht ausgestaltet ist. Die preußische Verfassung ist hier wieder in der unmittelbaren Ausgestaltung des objektiven Rechtssatzes als Persönlichkeitseigenschaft des Einzelnen — „Niemand darf seinem gesetzlichen Richter entzogen werden" — der alten deutschen Rechtsidee viel näher als unsere Staatslehre. Die Ausbildung der Laienrichter ist nur eine institutionelle Ergänzung des gleichen genossenschaftlichen Prinzips. Daß die Laienbeteiligung an der Rechtsprechung in der Urteilsfindung der Geschworenen noch fast ganz die alte germanische Form sich erhalten hat, ist lediglich ein besonders anschauliches Beispiel für ihre grundsätzliche rechtsgedankliche Bedeutung.

Sind wir uns über den rechtsgedanklich genossenschaftlichen Charakter der Beteiligung des Volks an der Rechtsfindung in Gesetzgebung und Rechtsprechung klar, so muß uns ohne weiteres die ganze preußische Verwaltungsreform als ein einziger großer Schritt in der grundsätzlichen Weiterbildung des Genossenschaftsgedankens erscheinen. Die Beteiligung der Laien an der unmittelbaren staatlichen Verwaltung ist gegenüber der Ausbildung der Selbstverwaltung nur eine technisch besondere Form der institutionellen Verwirklichung eines und desselben Rechtsgedankens. Nur, daß letztere keine Neuschöpfung, sondern ein Anknüpfen an die fortwirkende Tradition des Genossenschaftsgedankens im deutschen Gemeindeleben darstellt. Wie außerordentlich politisch und sozial bedeutsam aber das rechtsgedankliche Fundament im geschichtlich-volklichen Rechtsbewußtsein ist, zeigt deutlicher als alle Auseinandersetzung ein kleines Beispiel: im heutigen preußischen Rechtsleben zeigt sich in der Verwaltungspraxis, Rechtsprechung und Gesetzgebung eine wachsende Tendenz zur Ausdehnung der rechtlichen Möglichkeiten, die Freiheit der Einzelnen im Interesse kommunaler Wohlfahrtsveranstaltungen polizeilich zu beschränken[1], in Frankreich wird ängstlich jede solche Beschränkung politisch als „étatisme“, als Überbildung des Staatsgedankens[2], rechtlich als Verletzung der Freiheitsrechte (persönliche, Gewerbe- und Handelsfreiheit) angesehen[3]; dort ist eben der naturrechtlich formale Gegensatz

[1] Das Nähere siehe in meinen Ausführungen: Verw. Arch. XXI, 522ff.

[2] Fr. Fleiner, Die Staatsauffassung der Franzosen (Vorträge der Gehestiftung, VII, 4), 1915, 19.

[3] Vgl. meine Untersuchung der Grenzen der Polizeigewalt im französischen Recht, Arch. öffl. Recht XXIV, 337.

von Staatsgewalt und Freiheitsrecht voll erhalten geblieben, bei uns hingegen ist durch die allgemeine Ausbildung des Genossenschaftsgedankens die rechtsgedankliche Einheit der persönlichen Freiheit und ihrer Beschränkung im genossenschaftlichen Gemeindeinteresse wieder so belebt, daß letztere kaum noch als Eingriff in das Freiheitsrecht aufgefaßt wird. Die Bedeutung dieses Beispiels wird nicht gemindert, sondern gesteigert, wenn man die bei uns wirkende Auffassung — wie das m. E. nötig ist[1] — für rechtlich nicht ganz unbedenklich hält. Denn diese Auffassung neigt zu jener einseitig formalistischen Entartung des Genossenschaftsgedankens im Sinne Rousseaus, die seine andere Seite, die des Persönlichkeitsrechts, verkümmern läßt. Der Genossenschaftsgedanke bedeutet nicht Aufgehen des Einzelrechts im Gemeinschaftsrecht, sondern Aufbau des Gemeinschaftsrechts auf dem Einzelrecht, nicht Vernichtung der Freiheit durch Bindung im Gemeinschaftsinteresse, sondern Errichtung der Freiheit in und auf dieser Bindung. So ist der Gedanke auch in der preußischen Verwaltungsreform geltendes Recht geworden.

Die Ausbildung der kommunalen Selbstverwaltung und der Laienbeteiligung an der unmittelbaren Staatsverwaltung bilden in der Verwaltungsreform — darauf hat schon Sarwey hingewiesen — eine einheitliche Verwirklichung des Genossenschaftsgedankens nur in und mit der gleichzeitigen Verwirklichung rechtlichen Schutzes der Einzelfreiheit durch die Verwaltungsrechtsprechung. In der Tat handelt es sich bei dieser nur um eine, technisch vervollkommnete, institutionelle Verwirklichung der deutschen Rechtsidee: Recht ist Umfriedung, Freiheit, ist das, was die Volksglieder bindet, indem es zugleich ihre Persönlichkeitseigenschaft ist. Das subjektive Freiheitsrecht und der Anspruch auf Rechtsschutz, als die in der Freiheit liegende Umfriedung, als die Anerkennung der Persönlichkeit, ist lediglich die der Kultur

---

[1] Verw. Arch. XXI, 520f.

moderner Rechtstechnik entsprechende Konsequenz der genossenschaftlichen Rechtsidee.

Eine ganz allgemeine politisch-psychologische Belebung hatte inzwischen der Genossenschaftsgedanke erhalten mit der Reichsgründung. In demselben Maße, in dem der Schöpfer der Reichsverfassung frei war von dem traditionellen, naturrechtlich-rationalistisch erzeugten Formalismus der konstitutionellen Staatslehre, mußte in seiner Schöpfung die Lebenskraft volklichen Rechts- und Staatsdenkens zur Geltung kommen. Die ganze bundesstaatliche Struktur des Reichs zunächst ist eine unmittelbar genossenschaftliche, nur daß die Glieder der Genossenschaft nicht Einzelpersonen, sondern Staaten sind. Und wir wissen, mit wie feiner Sorgfalt Bismarck, der im innerstaatlichen Leben ein so starkes Empfinden für die alte germanische Herrschaftsidee der Gefolgschaft hatte, gerade deshalb das Moment herrschaftlicher Unterordnung im Reich — sogar im Kampfe echter germanischer Mannentreue gegen seinen alten Herrn — auszuschalten bestrebt war. Aber auch im Verhältnis zu dem Einzelnen war das Reich, wenn es auch, eben wie die deutschen Einzelstaaten, um ein moderner Staat zu sein, nicht eine reine Genossenschaft sein konnte, auf der germanischen Rechtsidee aufgebaut. Wenn Bismarck aus der Verfassung von 1849 den Grundsatz des allgemeinen, gleichen Wahlrechts zur Volksvertretung übernahm, so übernahm er damit aus der naturrechtlichen Volkssouveränitätsidee doch nur deren materiellen Kern als ein Element des Genossenschaftsgedankens. Und dies Element gehört zum Wesen des Deutschen Reichs. Daß dieses, nach einem Worte Gierkes[1], „in Wirklichkeit die staatliche Personifizierung des deutschen Volkes ist", war nur möglich dadurch, daß im Sinne der deutschen Rechtsidee das Recht, dessen Bewahrung nach der Einleitung der Reichsverfassung zugleich den Staatsgedanken bildet, in

[1] Genossenschaftsrecht II, 862.

einem das Band des Volkes zur Gemeinschaft und die Persönlichkeitseigenschaft der Volksgenossen war, daher nur von ihnen durch ihre frei und gleich gewählte Repräsentation gefunden werden konnte. Die militärische Einheit des Reichs im Kriege unter monarchischer Spitze war nur die rechtsgedankliche Konsequenz aus dem Genossenschaftsgedanken und dessen vorweggenommener, teilweiser, Verwirklichung im Volksheer.

Zu einem für das moderne staatliche und rechtliche Denken überhaupt ungeheuer bedeutsamen und vielleicht schlechthin charakteristischen institutionellen Rechtsgedanken sollte die Reichsgründung mittelbar führen. Als die staatliche Einigung des deutschen Volkes mit dem überwältigenden wirtschaftlichen Aufschwung jene krassen Gegensätze zwischen wirtschaftlichem Gewinn der Unternehmer aus der Arbeit und der menschlichen Ausnutzung der Arbeiter brachte, die die Forderung sozialer Gerechtigkeit zu einem Grundproblem der neuesten Staatsepoche machen mußten, da war aus den rechts- und staatsgedanklichen Grundlagen der neuen Staatsordnung der Weg für dessen Lösung gegeben. Dem anfänglichen Irrtum des Rückfalls in die Obrigkeitsidee, der das Problem mit den institutionellen Mitteln des Polizeistaats durch Unterdrückung der Reaktion des verletzten sozialen Gerechtigkeitsempfindens erledigen zu können glaubte, folgte auf dem Fuße jene großartige Besinnung auf die deutsche Rechtsidee, wie sie allein dem gedanklichen Wesen des Deutschen Reichs entsprechen konnte und zum Vorbild für das Rechtsleben der ganzen Kulturwelt werden sollte. Denn der Kernpunkt der ganzen sozialen Gesetzgebung ist nichts anderes als die Persönlichkeitsidee des alten deutschen Rechts: Freiheit in sittlicher Bindung und Sicherung dieser Bindung in einer durch den Genossenschaftsgedanken bestimmten Rechtsordnung. Daher zwar prinzipiell Begründung des Arbeitsverhältnisses durch freie privatrechtliche Vereinbarung — im Gegensatz zu den öffentlichrechtlich gestützten Abhängigkeitsverhältnissen aus der

Gewerbeordnung des älteren Staats —, aber öffentlichrechtliche Sicherung gegen menschenunwürdige, d. h. die Persönlichkeitsidee verletzende, Ausnutzung der wirtschaftlichen Überlegenheit mit den formalen Mitteln des Zivilrechts; ein Gedanke, der, wie die amerikanische Entwicklung gezeigt hat, aus der naturrechtlich romanistisch-formalen Auffassung der Freiheit nicht zu gewinnen war.[1] Daher aber auch aus der Erkenntnis der Gemeindienlichkeit aller wirtschaftlichen Arbeit — für die jetzt die Verhältnisse des Krieges nur eine außergewöhnliche Steigerung der Anschaulichkeit bedeuten — Schutz des Arbeiters als integrierenden Teiles des durch das Gemeinschaftsinteresse genossenschaftlich verbundenen Volks. Daher endlich auch nicht einfach Begründung einer Fürsorgeberechtigung der Arbeiter, sondern ihrer, genossenschaftlich durch entsprechende der Arbeitgeber gestützten, Pflicht, deren Folge erst ihr Recht ist. Bei der Geburt dieser institutionellen Gedanken hat zwar die Obrigkeitsidee — die Bekämpfung der ihr feindlichen sozialistischen Geistesbewegung — Pate gestanden. Aber — und das ist das Interessanteste und Wichtigste — sie tragen in sich so klar das Gepräge der Genossenschaftsidee, daß ganz bald, nachdem sie zu gesetzlicher Geltung gelangt waren, sie rein nur als Verwirklichung dieser erschienen. Das pflegt zwar kaum so formuliert zu werden, aber tatsächlich wird die ganze Arbeitergesetzgebung heute nur als ein Akt sozialer Gerechtigkeit angesehen, und das Prinzip dieser Gerechtigkeit ist eben die iustitia der alten deutschen Rechtsidee der Genossenschaftlichkeit.

Die staatliche Tragweite dieses rechtsgedanklichen Charakters unserer Sozialgesetzgebung kann meines Erachtens gar nicht hoch genug eingeschätzt werden. Bedeutet er doch nichts anderes als die Belebung des Staats- und Sozialorganismus mit dem Idealismus deutschen Rechtsdenkens. Sie hat viel stärker gewirkt im Rechtsempfinden des Volkes als in dem politischen Urteil der kleinen

[1] Dazu meine Skizze „Das Arbeitsrecht", Hirths Annalen 1915, 57ff., bes. 66ff.

Schicht der Intellektuellen. Deshalb konnte aus letzterer, mit einer beschämenden Befangenheit, noch lange nach Beginn dieses Krieges jenes Staunen geäußert werden über die idealistische Selbstverständlichkeit, mit der der sozialdemokratische Arbeiter seine staatsbürgerliche Pflicht tat. Es war eben der Idealismus der deutschen Rechtsidee, die im Genossenschaftsgedanken die einzige Sicherheit geschaffen hatte, die es zwischen Menschen gibt: Vertrauen. Im Heer ist nie der Wert dieses psychologischen Elements verloren gewesen: die stets bewußt gepflegte Idee der „Kameradschaft" ist nur ein Rudiment des Genossenschaftsgedankens; Unteroffizierskorps und Kriegervereine sind nur seine institutionelle Verwendung; nicht minder die Zusammensetzung der Militärgerichte; das Offizierkorps ist nahezu seine völlige Verwirklichung. Die „Genossen"-Idee der Sozialdemokratie ihrerseits hatte nicht umsonst an die alte Terminologie angeknüpft. Alle diese Ausstrahlungen eines alten volklichen Rechts- und Sozialidealismus hat dessen grundsätzliche Schilderhebung für die Organisation des Deutschen Reichs und der Arbeiterschutzgesetzgebung zusammengefaßt in dem Brennpunkt des Staatsgedankens. Die Wärme dieses Idealismus des Staatsgedankens war es, die — in den Köpfen der staatstheoretischen Denker die Begriffe wenig beeinflussend — im Empfinden der breiten Masse jenen Geist erzeugte, der, in jedem Einzelnen wurzelnd, das Volk zu einer Einheit bindend, jetzt so unfaßbar groß wirkt und doch so unsagbar einfach, natürlich ist. Es ist ja doch nichts anderes als der Geist des deutschen Volkes in seinem rechts- und staatsgedanklichen Niederschlag. Denn dieser Geist ist der des Idealismus.

Der Geist von 1914 ist die idealistische deutsche Staatsauffassung und nicht durch eine Zauberwirkung äußerer Ereignisse geschaffen. Es ist hier nur sichtbar geworden, was von den preußischen Reformern gesät, zuerst in den Freiheitskriegen rasch und reich aufgeblüht war, dann aber sehr langsam, doch auch ganz sicher, organisch sich zur Reife entwickelt hat mit der Begründung und dem Ausbau des Verfassungsstaates, mit der Reichsgründung und deren wichtigster Neuschöpfung, der sozialen Gesetzgebung: der Genossenschaftsgedanke als Entwicklungselement des deutschen Staatsrechts und -lebens nicht nur, sondern auch als sein Entwicklungsprinzip. So wird der Genossenschaftsgedanke heute schon im lebendigen Denken der staatlichen Wirklichkeit als regulatives Prinzip empfunden. Und lediglich ein Symptom dafür ist es, wenn — gerade unter den Eindrücken des Herbstes 1914 — Staatsrechtslehrer vom Range eines Gerhardt Anschütz und Hugo Preuß[1] in der Forderung der bewußten Ausrichtung des ganzen Aufbaues unserer Staatsordnung nach dem Genossenschaftsgedanken diesen ausdrücklich als das Zentralproblem unseres Staatslebens und -denkens ansprechen.[2]

Der Genossenschaftsgedanke hat sich in der organischen Entwicklung besonderen deutschen Staatslebens seit der Zeit der deutschen Erhebung in zunehmender Klärung, Erstarkung und Ausdehnung zu einer regulativen Idee ausgestaltet aus einer durch Selbstbesinnung volklichen Rechts- und Staatsdenkens auf seinen Idealismus gewonnenen Verinnerlichung des deutschen Staatsgedankens.

---

[1] Anschütz in Preuß. Jahrb. CLXIV; Preuß, Das deutsche Volk und die Politik 1914, Neuorientierung der inneren Verwaltung (in Bozi, Recht, Verwaltung und Politik im neuen Deutschland 1916, 163ff.), Obrigkeitsstaat und großdeutscher Gedanke, 1916.

[2] Die symptomatische Bedeutung dieser Urteile erblicke ich gerade darin, daß sie nur den Ausdruck unmittelbarer (wissenschaftlich-)politischer Wertung des bestehenden und nur durch die Ereignisse ins hellste Licht gerückten gedanklichen Wesens unserer staatlichen Ordnung bilden, also nicht historizistisch angekränkelt sind. Sie sind deshalb für unsere Frage beweiskräftiger als die Ausführungen Schückings (Neue Ziele der staatlichen Entwicklung, 1913, 20ff.), der schon vor dem Kriege das Postulat des Genossenschaftstaats, für das jetzt Preuß und Anschütz eintreten, aufgestellt hat. Alle sind für uns nicht von Bedeutung unter dem Gesichtspunkt des Wertes ihres politischgedanklichen Gehalts und der Folgerichtigkeit der daraus abgeleiteten Postulate im einzelnen (deren Kritik daher auch nicht hierher gehört), sondern nur unter dem Gesichtspunkte ihres tatsächlichen Vorhandenseins als soziale Erscheinungen, als Symptome des von der institutionellen Entwicklung der staatlichen Ordnung selbst gezeitigten staatlichen Denkens.

VIII.

Nicht ein naturrechtliches Dogma aus rationalistischen Erwägungen, sondern eine historische Feststellung aus der Betrachtung des positivrechtlichen Werdens unserer staatlichen Ordnung ist uns die Anerkennung des Genossenschaftsgedankens als eines Entwicklungselements und regulativen Prinzips des deutschen Staatslebens. Deshalb können wir grundsätzlichen positivrechtlichen Bedenken, die sich dieser Anerkennung entgegenstellen, nicht einfach aus dem Wege gehen. Da es sich jedoch für uns überhaupt nur um die Beleuchtung ganz allgemeiner Grundgedanken handelt, können für uns andererseits nur die Bedenken in Betracht kommen, die aus solchen Grundgedanken und gegen unsere Beleuchtung — als solche, nicht gegen die Einzelheiten ihres Ergebnisses, sondern — im ganzen erstehen. Diese Bedenken haben alle einen gemeinsamen Brennpunkt, dessen Beurteilung daher für uns genügt: die Bewertung des anstaltlichen Moments unserer Staatsordnung.

Wie kann unser Staatsleben sein regulatives Prinzip in dem Genossenschaftsgedanken finden, da doch die institutionellen Grundgedanken unserer Staatsordnung nicht ausschließlich genossenschaftlichen Charakters, sondern durchsetzt sind mit den institutionell anstaltlichen Elementen der Obrigkeitsidee? Um das Entscheidende vorwegzunehmen: der Staatsgedanke der heutigen deutschen Monarchie ist tatsächlich kraft seiner geschichtlichen Entwicklung nicht ein rein genossenschaftlicher.[1] Nichts weniger ist die Absicht unserer Betrachtung, als gegen diese Tatsache mit Gründen de lege lata oder de lege ferenda anzukämpfen. Trotzdem behält unsere Bestimmung des Gehalts des materiellen Staatsgedankens aus der alten deutschen Rechtsidee der Genossenschaft ihre Bedeutung; doch müssen wir uns über deren Schranken klar sein.

Zunächst dürfen wir nicht vergessen, daß das, was wir als Staatsgedanken ansprechen, etwas ganz anderes ist als der Staatsbegriff. Für den Juristen bedarf es keiner Erläuterung, daß mit der Feststellung, daß eine Staatsordnung institutionell mehr oder weniger nach dem Genossenschaftsgedanken gerichtet ist, mit nichten gesagt ist, der so geordnete Staat sei eine Genossenschaft[2]: die Reichsbank wird nicht zu einer — privatrechtlichen — Aktiengesellschaft dadurch, daß sie nach deren institutionellen Grundsätzen organisiert ist. Deshalb konnten wir die Frage des Staatsbegriffs aus unserer Betrachtung ausschalten und haben sie ausgeschaltet, weil sie wesentlich eine theoretische ist. Ihre praktische, rechtliche und politische Bedeutung erhält sie nur aus denjenigen politischen und rechtlichen Gedanken, die in den staatlichen Institutionen leben, und ausgehen und zusammenlaufen in jenem Ideenkomplex, den wir den Staatsgedanken nennen. Deshalb ist es zwar selbstverständlich, daß der Staatsbegriff von dem Staatsgedanken beeinflußt wird, und es bedarf z. B. nur einer Sichtung des Lebenswerks Gierkes, um zu erkennen, welchen Einfluß der genossenschaftliche Gedanke auf die Bestimmung des Staatsbegriffs haben muß. Aber eben deshalb liegt das Entscheidende und unmittelbar Bestimmende für die lebendige Erkenntnis des gedanklichen Seins unseres Staates in jenem, in seinen grundlegenden Institutionen wirkenden, Gedanken, den wir den Staatsgedanken nennen.

---

[1] Dazu demnächst Wolzendorff, Der Polizeigedanke des modernen Staats, Kap. IV und V.

[2] Vgl. auch oben S. 76, Anm. 1.

In den grundlegenden Institutionen der deutschen Monarchie wirkt nun durchaus nicht nur der genossenschaftliche, sondern auch der anstaltliche Gedanke. Vielleicht stärker noch, vielleicht nicht mehr so stark, das kommt für unsere Frage gar nicht in Betracht. Sind doch beide Elemente in ihm — um uns wieder auf Gierke[1] zu berufen — vereint: „die moderne Staatsidee enthält die Versöhnung der uralten Genossenschaftsidee und der uralten Herrschaftsidee". Trotzdem ist die Rolle beider in dem gedanklichen Aufbau unseres Staates eine verschiedene. Das herrschaftliche, obrigkeitliche Element ist das in der geschichtlichen Entwicklung aus dem absoluten Staate gegebene Gerüst, um das aus dem genossenschaftlichen Element das heutige Staatsgebäude ausgebaut ist. Daraus ergibt sich ein weiteres.

Das Grundgerüst der Anstaltsidee ist im modernen Staate geschichtlich vorhanden. Der Ausbau kann sich beschränken auf eine selbständige, architektonische Erweiterung des Grundgedankens. Dann ist die Anstaltsidee das allein Bestimmende. Oder der Ausbau ist durch den Genossenschaftsgedanken bestimmt, wie das im modernen deutschen Staate der Fall ist. Dann sind wieder verschiedene Möglichkeiten gegeben: entweder die Tragkraft des Staatsgedankens ruht in dem Zusammenwirken des historischen Gerüsts und des späteren Ausbaues, oder der Ausbau ist in sich so gefestigt, daß seine Tragfähigkeit die materielle Bedeutung des Grundgerüstes schließlich völlig zurücktreten läßt. Daher kann der Staatsgedanke im modernen Staate grundsätzlich nur zweierlei Art sein: entweder rein anstaltlich oder genossenschaftlich beeinflußt. In letzterem Falle — und das ist der des deutschen Staates — bildet es keinen Wesens-, sondern nur einen Gradunterschied, ob der genossenschaftliche Gedanke in der Wirkung mehr oder weniger, oder gar nicht, mit anstaltlichen

[1] Genossenschaftsrecht I, 833.

Elementen untermischt ist, wie denn schon in seinem älteren geschichtlichen Wirken der völlige Ausschluß des „herrschaftlichen Elements" nicht wesentlich war.[1] Der Begriff des genossenschaftlichen Staatsgedankens kann also für die Lehre des modernen deutschen Staates — da in diesem eine grundsätzliche institutionelle Ausschaltung der Anstaltsidee selbst nirgends gegeben ist — nur der sein, daß in ihm der genossenschaftliche Gedanke der alten deutschen Rechtsidee eine Rolle spielt; ohne daß begrifflich die Stärke und Ausschließlichkeit dieser Rolle wesensbestimmend ist.

Der Staatsgedanke des modernen deutschen Staates ist ein genossenschaftlicher in dem Sinne, daß außerhalb eines historisch in der Anstaltsidee gegebenen Grundgerüstes der Genossenschaftsgedanke in ihm wirkend ist. Diese Wirkung ist nicht nur tatsächlich in zunehmender Entwicklung begriffen, sondern bedeutet an sich schon, da sie zu der geschichtlich überkommenen hinzugetreten ist, eine Entwicklung: sie ist im Verhältnis zum Gesamtgehalt des Staatsgedankens im allgemeinen und der Anstaltsidee insbesondere ein Entwicklungselement jenes und zwar seit 100 Jahren schlechthin d a s Entwicklungselement.

Ist nun aber der Genossenschaftsgedanke das eigentliche Entwicklungselement des modernen deutschen Staates, so muß er auch ein Erkenntnisfaktor für dessen Sozial- und Rechtslehre sein. Für die Staatsrechtslehre ist er ein Faktor der rechtlichen Beurteilung der einzelnen Institutionen, zwar nicht rein und an sich, sondern nur in der tatsächlich in dem konkreten Einzelstaatsrecht stärker oder schwächer bestehenden anstaltlichen Färbung. Für die Staatslehre wirkt er, soweit es sich um Erklärung der bestehenden Institutionen handelt, in derselben einheitlichen Weise mit und in dem Staatsgedanken. Soweit es sich aber um rechtspolitische Kritik bestehender oder rechtspolitische Erwägung neu zu schaffender Institutionen

---

[1] Kern, 5.

handelt, wirkt er rein und an sich, aber in bedingter Weise, nämlich als regulative Idee, der als einfache Tatsache schon das bestehende Anstaltliche als Beharrungstendenz entgegentritt.[1] Er ist regulatives Prinzip, weil er Entwicklungselement ist.

Diese wissenschaftliche Bedeutung der Erkenntnis des genossenschaftlichen Charakters unseres Staatsgedankens ist nun aber — und hier kehren wir zu unseren früheren Gedankengängen zurück — nur eine Ausstrahlung seiner allgemeinen Bedeutung: Herstellung festerer Verbindung der politischen Wirklichkeit mit der politischen Theorie, des ideellen Gehalts der Staatsordnung mit dem Volksbewußtsein. Die Wissenschaft vom Staat nimmt lediglich wieder die unmittelbare Fühlung mit dem Staatsleben und seinem Denken auf, wenn sie aus der Werterkenntnis des Genossenschaftsgedankens in unserem Staatsleben zur Herausarbeitung eines materiellen Staatsgedankens gelangt. Denn im Staatsleben ist diese bereits geschehen. Sie ist geschehen, weil sie eine Entwicklungsnotwendigkeit war.

Die Verdichtung unseres Staatslebens, wie sie seit 1914 offenbar geworden ist, war nur möglich, weil sich das Staatsdenken zum Bewußtsein einer materiellen Rechts- und Staatsidee durchgerungen hatte, die ihm die Konstruktionen unserer Staatslehre nicht zu geben vermochten; die aber das Bedürfnis des deutschen Geistes nach innerem Wertgehalt lebenbeherrschender Ideen auf die Dauer nicht entbehren konnte.

In den Zeiten einfacherer öffentlicher Verhältnisse mochte die Vorstellung einer Persönlichkeit zum Brennpunkt staatlichen Idealismus werden. So war es noch im 18. Jahrhundert diejenige Friedrichs

---

[1] Ob man — was begrifflich ja sehr nahe liegt — nicht auch die Anstaltsidee statt als rein faktische Beharrungstendenz wegen der darin gegebenen normativen Kraft als regulative Idee ansprechen muß, ist eine Frage rechtlich-staatlicher Überzeugung, deren Berechtigung wissenschaftlich zu entscheiden zwar vielleicht nicht überhaupt, jedenfalls aber an dieser Stelle unmöglich ist.

des Großen gewesen; für das Denken nicht nur des preußischen, sondern des deutschen Volks. Das 19. Jahrhundert mit seinen immer mehr in den Vordergrund tretenden, vielgestaltigen, wirtschaftlichen und sozialen Aufgaben hat das Auge zu sehr an den bürgerlichen Boden des Staates gebunden, um dem monarchischen Gedanken für sich allein die Kraft des alles lösenden und einigenden Ideals zu belassen. Aber diese Zeit der staatlichen Konsolidation des deutschen Volkes erzeugte aus sich selbst heraus die Kraft ihres Ideals: den alten rechtlichen und staatlichen deutschen Einheitsgedanken. Nun aber die schwerste staatliche und volkliche Prüfung dies Ideal in der Fülle und Reinheit seiner Stärke hat heraustreten lassen, zeigt sich sogleich seine ganze einigende und lösende Bedeutung.

Die Idee der Genossenschaftlichkeit als Staatsgedanke ist nicht ein Notprodukt innerer Schwierigkeiten und politischer Zweckmäßigkeiten. Sie ist Idee, Produkt ihrer selbst; Besinnung des deutschen Gemeinlebens auf sein geistiges Wesen. So zielt sie nicht allein auf ihre eigene Verwirklichung, sondern auf die der deutschen Rechts- und Staatsideale überhaupt.

Nicht nur die Einheitlichkeit des deutschen Staatsgedankens an sich hat die Genossenschaftsidee neu belebt. Sie hat zugleich auch aus dem Anschaulichkeitsbedürfnis deutschen Rechtsdenkens und seiner gemütsbetonten sittlichen Färbung die Idee persönlicher Anhänglichkeit an den persönlichen Träger des Staatsgedankens innerlich gekräftigt und erweitert. Jene Idee, deren deutsch-volkliche, tatsächliche Bedeutung der große politische Psychologe Bismarck so klar hervorgehoben hat, ist aber rechtsgedanklich keine andere als der alte deutsche Gedanke der Treue, der aufs engste mit dem Genossenschaftsgedanken verwurzelt ist. Die Belebung des Genossenschaftsgedankens mußte so als Idealisierung des Staatsgedankens mit innerer Notwendigkeit eine Belebung des monarchischen Gedankens bringen. Und sie mußte ihren Höhepunkt mit der Anschaulichkeit der Genossenschaftlichkeit im Lebenskampfe des deutschen Staates erreichen, weil diese Anschaulichkeit begleitet war von jener tief sittlichen Beschwerung des Persönlichkeitsgedankens der deutschen Rechtsidee nicht nur in allen Volksgenossen, sondern vor allem in dem Manne, der die Genossenschaftlichkeit des deutschen Volkes verkörpert. Die Wiederbelebung jenes gemütsbetonten und daher mit dem Religiösen sich berührenden deutschen Rechts- und Staatsdenkens ist geradezu undenkbar, ohne daß sie in dem Träger des monarchischen Gedankens so klar und sicher ausgeprägt war, wie es in der Persönlichkeit Wilhelms II. der Fall war und wie es dann wieder mit Notwendigkeit eine allgemeine Belebung des monarchischen Gedankens nach sich ziehen mußte.[1]

Deshalb ist es kein Zufall, wenn z. B. Anschütz, der unsere Staatsordnung wieder auf den Genossenschaftsgedanken abgestellt wissen will[2], die Ausbildung der Institution des Kaisertums zu einer echt monarchischen befürwortet[3]; und wenn er für diesen, von durchaus modernem Standpunkte aus und mit rein modernen Denkmitteln gewonnenen, Gedanken keinen anderen Ausdruck findet als den, der unmittelbar der alten deutschen Rechtsidee entspricht: „Einer sei Herrscher ... Und dieser Herrscher sei ... zugleich ein Diener. Der erste Diener der im Reich sich verkörpernden Volksgesamtheit, der gekrönte Vertrauensmann der Nation.“ Es ist nur ein Symptom, wenn ein so klarer, nüchterner Staatsrechtslehrer wie Anschütz durch seinen sicheren Sinn für deutsches Staatsleben ganz intuitiv zu den Gedankengängen ältester deutscher Rechts- und Staatsideale zurückgeführt wird. Ein Symptom dafür, daß auch in Fragen des

---

[1] Vgl. neuerdings dazu auch H. Preuss, Die Wandlungen des deutschen Kaisergedankens 1917, 20.

[2] Vgl. oben 98.

[3] G. Anschütz, „Gedanken über künftige Staatsreformen“, in „Die Arbeiterschaft im neuen Deutschland“, 1915, 51.

Staats und des Rechts der spröden Sachlichkeit deutschen Denkens von der Zeiten Gewalt wieder der Mut hervorgepreßt ist zu jenem Idealismus, der stets noch das Band des deutschen Volkes war.

Dieser Idealismus des auf die Rechtsidee gestellten genossenschaftlichen Staatsgedankens ist es, der heute unser Staatsleben bestimmt. Nur diese innere Stärke seines Staatsgedankens gibt dem deutschen Volke jetzt in seinem furchtbaren Daseinskampfe die organisatorische Fähigkeit, aller und jeder Bedrängnis die Stirn zu bieten. Nicht nur denen, die draußen der Tücke entsetzlichster Kriegsmittel gegenüberstehen, auch denen, die daheim drückender Not und schleichender Sorge preisgegeben sind. Der genossenschaftliche Staatsgedanke ist Quell und Inhalt jener Treue in der Fügung des Volkes in alle Anordnungen der in seinem Recht und als Wahrer des Gemeinschaftsinteresses bestehenden Staatsautorität, die unsern Staat zum Kampf gegen eine Welt befähigt. Und nur um so größer ist dieser innere Halt, den der Genossenschaftsgedanke dem Staat bietet, zu bewerten, als er in den rechts- und politischtechnischen Maßnahmen zur mechanischen Stützung unseres Staatslebens keineswegs immer zu voller institutioneller Ausnützung gelangt[1], jene Maßnahmen vielmehr sich

[1] Es kann und soll nicht geleugnet werden, daß das Bild unseres Regierungssystems in diesem Kriege, rein äußerlich betrachtet, durchaus nicht ein institutionelles Überwiegen des Genossenschaftsgedankens zeigt; daß vielmehr im Gegenteil in der rechtlichen Form der organisatorischen Wirkung der Staatsgewalt ein starkes Aufleben der Obrigkeitsidee enthalten ist, die durch den Einschlag von „Staatssozialismus“, der schon dem alten Polizeistaat nicht gefehlt hatte, nicht in ihrem Wesen geändert wird; daß endlich das dekretierende System der Kriegsregierung — „papierenes Regiment“ nannte man früher derartiges — in seinem positiven Wirken als unzulängliches Mittel zur Erreichung eines unbedingt gebilligten Zieles beurteilt wird und in seinem negativen Wirken (durch polizeiliche Beschränkung) mit dem Rechtsempfinden der weitesten Kreise des Volkes — wenn auch aus sehr verschiedenen Gründen — nicht in Einklang steht. (Für uns kommen nur diese Tatsachen in Betracht, nicht die objektive Berechtigung jenes Systems einerseits und seiner — zweifellos vielfach auf Unverständnis beruhenden — allgemeinen Beurteilung andererseits.) Trotzdem begegnet das durch die Obrigkeitsidee

in der Selbstbeschränkung auf das rein Mechanische der „Anordnung" oft sehr darauf verlassen, daß das eigene, psychologische Wirken des Idealismus genossenschaftlichen Staatsdenkens das papierene obrigkeitliche Dekret zu einer staatlichen Lebenskraft umgestalte. Es ist ein großes Zeichen innerer Stärke des Staatslebens, wenn sein leitender Gedanke im Volksbewußtsein so gefestigt ist, daß er auch bei einer seinem Wesen nicht gerecht werdenden Anwendung noch sicher wirkt.

Unsere staatliche Stärke beruht auf dem Bewußtsein des volklichen Eigenwerts unseres Staates, wie es in dem Gedanken der genossenschaftlichen Teilhaftigkeit aller am Staate in Recht und Pflicht lebt. So ist der Geist von 1914 nur die Vollendung jener Selbstbesinnung deutschen Staats- und Rechtsdenkens, die die Reformer in Preußens traurigster Zeit anstrebten: die Verinnerlichung des Staatsgedankens im Sinne der alten deutschen Rechtsidee.

Weil aber diese Selbstbesinnung unseres Staats- und Rechtsdenkens auf die Innerlichkeit unseres Staatsgedankens die eigentliche Grundlage unserer staatlichen Stärke bildet, muß ihre eigene Klarheit und Sicherheit bestimmend sein für die Geltungs- und Wirkungsfähigkeit deutschen Wesens sowohl im Rate der Völker als im eigenen Hause unseres Staatslebens.

Um zunächst von der Wirkung nach außen zu sprechen, so kann nichts anderes als die gedankliche Klärung der volklichen Eigenart unseres Staatswesens eine sicher überzeugende Widerlegung jener, fast im ganzen Ausland einer sympathischen Wertung unseres Staats-

---

organisatorisch bestimmte Regierungssystem, was ebenfalls nicht zu leugnen ist, immer wieder gutem Willen des Volkes. Und dieser ist nicht vorhanden aus der staatlichen Stärke jener Idee, sondern trotz ihrer Schwäche. Sie erscheint als etwas Nebensächliches in dem gedanklich einheitlichen Gefüge des Staatslebens, wie es durch den Genossenschaftsgedanken bestimmt ist. Denn das Ziel der ganzen Kriegsregierung ist ein genossenschaftliches, das der Erhaltung der Gemeinschaft mittels der Pflicht der Volksgenossen, rechtes zu helfen. Deshalb wird sie trotz aller in ihrem System empfundenen Mängel willig hingenommen als eine — nur in der Form nicht immer willkommene — Äußerung unseres deutschen Staatsgedankens.

gedankens entgegenstehenden, Vorstellung ermöglichen, nach der dieser, im Gegensatz zu dem grundsätzlich demokratischen der anderen modernen Staaten, rein herrschaftlich geartet sei. Daß diese Vorstellung falsch ist, müssen wir dem Ausland klar machen — in unserem eigenen politischen Interesse[1] und um unserer nationalen Ehre willen, für die, ebensowenig wie für den einzelnen Menschen, auch die äußerliche Befleckung des sozialen guten Rufs gleichgültig ist; wir müssen dem Ausland zeigen, daß die grundsätzlichen Elemente unseres Staatsgedankens keine anderen als die des modernen Staates überhaupt sind, und daß unser Staatsgedanke weder aggressiv noch expansiv, sondern nur intensiv ist und zwar intensiv nicht in der Macht-, sondern in der Rechtsidee. Daß unsere Wissenschaft vom Staat hier so wenig getan, war vielleicht eine sehr folgenschwere Unterlassung.[2] Denn, mag man die Verbohrtheit der Menschen noch

[1] Wir wissen, daß jene ausländische, so unglücklich verbreitete, Vorstellung falsch ist; leider haben wir dann aber lernen müssen, daß unsere vermeintlich realpolitische Unterschätzung derartiger Vorstellungen — seien es nun wirkliche Überzeugungen oder wirksame Phrasen — ebenso falsch war. Es will mir aber scheinen, als ob die Schuld hieran viel weniger im „Versagen der Diplomatie" lag, als in unserer mangelnden Bereitwilligkeit, enttäuschende Belehrung aufzunehmen.

[2] Die Haltung unserer Wissenschaft im Kriege ist kaum zu erklären, wenn man an ihre frühere Haltung im Frieden denkt. Im Frieden wurde die deutsche Wissenschaft vom Staat in der Würdigung der politischen Ideenentwicklung den ideellen Werten des Auslands stets gerecht — oft mehr als gerecht; bilden doch z. B. die mehrfach erwähnten beiden Werke Kerns und des Verfassers dieser Skizze so ziemlich die ersten grundsätzlichen Versuche (neben der ebenfalls schon erwähnten Studie Rich. Schmidts), für die Entwicklungsgeschichte gerade der Grundprinzipien des modernen Staats gegenüber den fremden die eigenen deutschen ideellen Werte zur Anschauung zu bringen. Und noch im Kriege hat ein deutscher Staatsrechtslehrer den französischen Staatsgedanken in feinsinniger Weise uns verständlich zu machen gesucht (Fleiner, Vorträge der Gehestiftung VII, 4, 1915). Wo aber blieb das Werben um gerechtes Verständnis für den deutschen Staatsgedanken? Die Staatslehre überließ es Nichtfachleuten, den vom Standpunkte der Staats- und Völkerrechtslehre nicht zu rechtfertigenden, vom deutschen Volk und seiner Regierung nie erhobenen Anspruch, am deutschen Wesen die Welt (wie es das Ausland deutete: durch gewaltsame Operation) genesen zu machen,

so hoch schätzen, richtig bleibt doch, was einer der klarsten Altmeister unserer Wissenschaft einmal gesagt hat[1]: „Die Macht der Wahrheit hat noch immer eine solche Gewalt über den Menschen, daß sie beinahe unwiderstehlich ist, wenn die Wahrheit nur bis zu einem gewissen Grad der Evidenz ins Licht gestellt werden kann."

Wir brauchen uns gar nicht mit dem Ausland darüber zu streiten, ob seine oder unsere Form des Staatsgedankens die bessere ist; es genügt, daß der grundsätzliche gedankliche Wertgehalt überall der gleiche ist. Deshalb haben wir z. B. keinen Anlaß, mit den Franzosen zu rechten über ihren Anspruch, durch die „grands principes de 1789" das Leben der Staaten und Völker in eine neue Ära geführt zu haben. Wir können und wollen ruhig zugeben, daß der „Élan" jener Prinzipien wesentlich in der vollendeten Schlagkraft französischer geistiger Formprägung begründet war, mit der ihr gedanklicher Inhalt die äußerste Zuspitzung erfahren hatte. Aber ganz unabhängig von der Wertung dieser Tatsache stellen wir ihr die andere zur Seite, daß jener gedankliche Gehalt seine Grundlage hat in viel älteren Ideen, die — wie wir fanden — alle auf den alten deutschen Rechts- und Staatsgedanken der Genossenschaftlichkeit zurückgehen, wie denn die erste französische Formulierung der Idee der Freiheitsrechte und der demokratischen Auffassung der Salus publica als „Salut du peuple" (die später zur Theorie der volonté générale führte) durch Jurieu unmittelbar an jene anknüpfte. Diese selben Ideen aber bilden die Grundlage der Staatsordnung in der deutschen konstitutionellen Mon-

in einer diktatorischen Form aufzustellen, die, ohne praktisch zu irgend etwas helfen zu können, unbedingt in Zeiten nationaler Überreizung unklug, weil den feindlichen Kriegswillen steigernd, war. Stattdessen hätte die Staatslehre selbst sich die Aufgabe setzen müssen, dem Ausland zu zeigen, was das deutsche Wesen ist, daß es tatsächlich nur eine berechtigte und der Welt nützliche Eigenart ist, von der uns zu befreien fremde Staaten nicht nur weder Recht noch Anlaß, sondern auch nicht einmal Interesse hatten. Davon aber ist nichts geschehen.

[1] Joh. Steph. Pütter, Beyträge zum Teutschen Staats- und Fürsten-Rechte, 1777, I, XXXVII, 2.

archie. Und jene Auffassung des Gemeinschaftsstaates, in der die Völker angelsächsischer Staatskultur die Grundlage ihres staatlichen Wesens erblicken und die sie selbst auf die Ideenwelt des Kalvinismus zurückführen, wollen wir diesen Völkern ebensowenig wie ihre Wertung abstreiten. Aber wir halten ganz unabhängig davon auch an unserer Erkenntnis fest, daß der von den kalvinistischen Monarchomachen, von Jurieu und Locke belebte Gedankenkomplex in der alten deutschen genossenschaftlichen Staatsidee wurzelt, wie sie in der Schweiz stets weitergelebt hat, im deutschen Gemeindeleben und dem deutschen Staatsdenken nie ganz verschwunden und seit 1808 wieder in der deutschen Staatsordnung zum regulativen Prinzip geworden ist. Der Gegensatz zwischen dem „lateinischen" und „angelsächsischen" Staatsgedanken einerseits und dem deutschen andererseits ist — darüber muß Klarheit geschaffen werden — nicht sowohl ein solcher des politisch-dynamischen Ideengehalts, als der politisch-theoretischen Ideenform. Die den deutschen Staatsgedanken von jenen fremden unterscheidende Eigenart beruht nur darauf, daß — im ursprünglichen Sinne des Genossenschaftsgedankens, der der einige Quell des gesamten modernen Staatsgedankens ist — die rechtlichen Institutionen der deutschen Staaten es vermieden haben, die liberale Persönlichkeitsidee und die demokratische Idee der Gemeindienlichkeit und Rechtsgebundenheit aller Macht im Staate in den Formalbegriffen der unveräußerlichen Freiheitsrechte und der Volkssouveränität zum besonderen Programm zu erheben und in Antithese zum monarchischen Gedanken zu setzen. Denn diese Antithese hat in dem monarchischen Gedanken der deutschen Staatsidee keinen Bestand.

Die wirklich leitenden Ideen des modernen Staates, die liberale Persönlichkeitsidee und die demokratische Idee der Gemeindienlichkeit der Staatsgewalt, gelten ebenso grundsätzlich bei uns, wie in allen anderen modernen Staaten. Was verschieden ist, ist nur die

Form: was z. B. im angelsächsischen Denken in der Form des mittelalterlichen Gegensatzes zwischen rex und regnum (Parlament) und im französischen Denken in der Form der moderneren, ergänzenden Gegensätzlichkeit des Individualismus in den Freiheitsrechten und des Zentralismus in der volonté générale erscheint, ist der politischen Wertidee nach nichts anderes als das, was im deutschen staatlichen Denken in der Form ausgleichender Einheit erscheint. Nicht, weil dies die freiheitlichen Ideale weniger ernst und klar nimmt, sondern weil sie ihm aus seiner geschichtlichen Eigenart selbstverständlich sind: im deutschen Staatsdenken war von Urbeginn an das Prinzip der Ordnung auf dem Ideal der Freiheit aufgebaut. Und es ist Sache des deutschen Volkes, wenn ihm diese materiell-einheitliche Geistesform seines Staatsgedankens mehr seinen Idealen gemäß erscheint, als die formal-konstruktive anderer Völker. Wir bestehen auf unserem Recht, nach unserer „Fasson" selig zu werden. Und von keinem Standpunkt aus kann uns das weniger bestritten werden, als dem der „grands principes de 1789".

Wenn die uns jetzt feindlichen und die meisten der neutralen Völker die Geltung eines einigen freiheitlichen Staatsgedankens bei allen Kulturvölkern für die Sicherung der internationalen Beziehungen als nötig ansehen, kann es ihnen nur erwünscht sein, daß jener Gedanke bei uns durch seine völlige Anpassung in der Geistesform an unsere staatliche und volkliche Eigenart — vor allem auch die Gemütswerte der monarchischen Tradition — besonders sicher gefügt ist.[1] Es ist nicht das Genügende getan worden, rechtzeitig Klar-

[1] Unterscheiden wir uns aber in der Art der Durchführung jenes einheitlichen, nur in der Form verschiedenen, Staatsgedankens dann immerhin noch dem Grade nach in der Verwirklichung des liberalen und demokratischen Prinzips, so ist das — ganz abgesehen davon, daß dieser Unterschied sich zusehends mindert — nach allen moralischen, politischen und rechtlichen internationalen Grundsätzen ausschließlich unsere eigene nationale Sache.

heit und Wahrheit darüber zu verbreiten. Aber noch kann manches geschehen.

So ist die Selbstbesinnung des deutschen Rechts- und Staatsdenkens und seine wissenschaftliche Klärung ein Problem der äußeren Beziehungen unseres Staates. Ihre Hauptbedeutung aber — wenn auch durch die notwendigen Beziehungen zwischen innerer und äußerer Politik mit jenem verknüpft — liegt natürlich auf dem Problemgebiet der inneren Ausgestaltung unserer Staatsordnung. Die Verinnerlichung des Staatsgedankens, die als eine Forderung jener Selbstbesinnung erscheint, muß zur Folge haben, daß das Problem des Genossenschaftsgedankens mit der Feststellung und Erklärung seiner Bedeutung nicht erledigt ist. Es ergibt sich daraus die Aufgabe, nicht nur aus der Form der bestehenden Grundinstitutionen die Gesamtausgestaltung des Staatsrechts im einzelnen zu erklären oder umgekehrt aus dieser den gedanklichen Charakter der Grundinstitutionen formal zu konstruieren, sondern ferner auch, alles wertend zu messen an dem materiellen Gehalt des Staatsgedankens. Mit anderen Worten: die Verinnerlichung des Staatsgedankens erzeugt für die Staatslehre die Aufgabe, sich der Rechtspolitik des Verfassungs- und Verwaltungsrechts zu widmen. Dort liegen Aufgaben von überwältigender Fülle und Größe. Das verwaltungsorganisatorische Problem Anstalts- oder Genossenschaftsstaat und das Problem des Kaisertums haben wir bereits angedeutet. Neuerdings ist auf den staatsgedanklichen Zusammenhang von Reichseinheit und Reichsfinanzen unter dem Gesichtspunkte des Genossenschaftsgedankens hingewiesen worden[1] und gegenüber der Idee des Staatssozialismus ist man am Werke, die des Liberalismus zur Geltung zu bringen[2], was auch nur wieder eine Forderung und Folgerung des Genossenschaftsgedankens ist. Die

[1] L. Waldecker, Reichseinheit und Reichsfinanzen 1916.

[2] L. v. Wiese, Staatssozialismus, 1915, sowie „Liberalismus und Demokratismus“ in der „Zeitschrift für Politik“ Bd. IX, Heft 3/4.

Zahl der Probleme, die hier aufzuzählen wären, ist Legion. Jeder Versuch einer Aufzählung von Beispielen wäre ein müßiges Beginnen.

Die gewaltigsten Probleme aber müssen erwachsen aus dem innersten Kern der deutschen Rechtsidee, ihrer sittlichen Gerechtigkeitsbewertung, auf Grund ihrer konsequentesten Ausbildung, dem Gedanken des Volksheeres.[1] Der Gedanke des Volksheeres muß — so will mir scheinen — für alle, die ihm gelebt und geopfert haben, der Kern- und Ausgangspunkt aller inneren und vielleicht auch der äußeren staatlichen Probleme werden. Die Wucht der Tatsache Krieg und ihre umwertende Bedeutung haben wir in ihrer ganzen Ausdehnung erst jetzt kennen gelernt, und erst jetzt ist uns darin die Tragweite des Gedankens des Volksheeres offenbar geworden. Und damit die Bedeutung des Staatsideals aus der deutschen Rechtsidee der Genossenschaftlichkeit. Denn der Gedanke des Volksheeres ist recht eigentlich der Eckstein der alten deutschen Rechtsidee und der Grundstein des modernen deutschen Staatsgedankens.

Der Gedanke des Volksheeres ist nicht nur historisch, sondern auch institutionell der Stamm des Baumes des deutschen Rechts- und Verfassungsstaates, über den jetzt ein bis an die Wurzeln greifender Sturm hinwegbraust. Mancherlei Kräfte wird es zu ersetzen gelten, wenn dieser Sturm vorüber. Nicht nur gesunde Triebe, die der Kampf um den Bestand des Ganzen brach; auch kranke, in denen sich der Sturm allzusehr verfing. Mögen sie ihre Erneuerung finden aus dem Lebenssaft, der des Stammes Stärke bildete, aus dem deutschen Gedanken der Genossenschaftlichkeit. Was unserem staatlichen Leben aus der geschichtlichen Entwicklung Kraft, in der

[1] Auf die Bedeutung dieses Problems habe ich schon vor dem Kriege in „Der Gedanke des Volksheeres“ 51f. hingewiesen. Inzwischen sind die Probleme so unendlich vertieft und über die Grenzen des inneren Staatsrechts hinaus erweitert worden, daß es an dieser Stelle unmöglich ist, sie auch nur andeutungsweise aufzuzeigen.

Gegenwart Vertrauen, für die Zukunft Hoffnung gibt, ist die alte deutsche Rechtsidee, die, in ihrem eigenen sittlichen Gehalt, als leitende soziale Kraft, der Richtstab ist für die Bewertung der Rechte und Pflichten der Volksgenossen und der Gemeinschaft nicht gegeneinander, sondern für- und mit- und ineinander.

FSC
www.fsc.org
MIX
Papier | Fördert
gute Waldnutzung
FSC® C083411

Kolibri 360 GmbH
Ferdinand-Jühlke-Straße 7
99095 Erfurt, Deutschland
produktsicherheit@kolibri360.de